Los casos de la Agencia Eñe

EL LINCE PERDIDO

Los casos de la Agencia Eñe

EL LINCE PERDIDO

ANA ALONSO

ELE

Descarga el audio en
www.anayaele.es

ANAYA ELE

1.ª edición: 2018
5.ª reimpresión: 2025

Equipo editorial
Coordinación: Milagros Bodas
Edición: Sonia de Pedro
Corrección: Gabriel Martínez Candenas
Diseño, maquetación de interiores y cubierta: Lidia Muñoz Martín
Ilustraciones: El Rubencio
Grabación: Anaya Educación

Depósito legal: M-14896-2018
ISBN: 978-84-698-4698-8
Printed in Spain

Las normas ortográficas seguidas en este libro son las establecidas por la Real Academia Española en su última edición de la *Ortografía*.

ÍNDICE

Capítulo 1

Lynx Pardinus

Me llamo Bruno, nací en Italia pero vivo en Madrid, y mi vida es un poco complicada en este momento. Estoy terminando un máster, toco con mi grupo los jueves y los viernes en diferentes locales de la ciudad y, además, soy detective.

Mi faceta como detective comenzó como un juego, pero cada vez me ocupa más tiempo. Y eso es porque mis compañeras de la Agencia Eñe y yo formamos un equipo demasiado bueno. Tenemos muchísimos casos y, claro, no paramos. El trabajo nos sale por las orejas[1]. Es una expresión española. La primera vez que la oí me imaginé montones de documentos saliendo por las orejas de mi amiga Mónica. Su cara parecía una impresora totalmente loca. La imagen me hizo reír muchísimo... Y también a Mónica, cuando se lo conté.

¿Todavía no os he hablado de Mónica? Es mi novia.

Sí, Mónica es mi novia. Casi no me lo creo todavía. Durante mucho tiempo fuimos solo amigos, y yo pensaba que ella quería seguir así. Yo me enamoré de ella desde el principio, lo confieso, pero no me atrevía a contárselo porque no quería perder su amistad. Lo increíble es que a ella le pasaba lo mismo... ¡Estaba tan enamorada de mí como yo de ella!

---

[1] *Nos sale por las orejas*: tenemos un exceso de trabajo.

Es una locura. No acabo de entender por qué se fijó en mí. Es verdad que soy un tipo atractivo, a mi manera. Y que tengo talento artístico y musical. Y mucho sentido del humor, pero sigo sin entender qué vio Mónica en mí para enamorarse. ¡Ella es tan especial! Podría salir con cualquiera. Y hay varios chicos interesados, estoy seguro. Entre ellos alguno de sus compañeros de la universidad, sobre todo uno que se llama Héctor y la llama mucho. Siempre es para hablar de cosas de clase, pero, de todas formas, ¿por qué siempre llama a Mónica? Porque le gusta, para mí eso está claro, aunque Mónica dice que no.

Bueno, voy a dejar de pensar en Héctor, que me pone de mal humor, y hoy estoy muy contento. ¡Tengo entradas para ir a un concierto con Mónica! Y, como el concierto es en la Caja Mágica, lejos del centro de la ciudad, he alquilado un coche para ir a buscarla.

La verdad es que es un coche muy bonito: un deportivo rojo. Me ha costado un poco caro alquilarlo, pero un día es un día[2], ¿no? Además, en el último caso de la Agencia Eñe nos pagaron muy bien. Y el dinero está para estas cosas, creo yo.

El concierto de hoy es de una banda que se llama Morgan. Cantan algunas canciones en inglés y otras en español. A mí me encantan y a Mónica también. La cantante, Nina, tiene una voz muy especial. Justamente voy escuchando su disco en el coche de camino a casa de Mónica. Me sé la letra de algunas canciones de memoria, y la canto a gritos:

Voy a pensar en ti,
en no olvidar tu nombre.
Creo que me perdí,
no sé por qué ni dónde.

---

[2] *Un día es un día*: hoy es un día especial.

¡Qué bien canto! La verdad es que tengo un talento natural para la música. Y me gusta escuchar mi propia voz. Me suena genial.

Al llegar al semáforo empieza a sonar el estribillo de la canción. Y entonces canto todavía más alto:

¡Cúrame, viento!
¡Ven a mí!
¡Y llévame lejos!
¡Sácame de aquí!

¡Cúrame, tiempo,
pasa para mí
y sálvalos a ellos!
¡Sálvalos a ellos!

La verdad es que no entiendo muy bien esta parte de la canción. ¿Quiénes son «ellos», esos a los que Nina quiere salvar? La canción se titula *Sargento de hierro*. Es una pista, supongo, pero no conozco su significado.

Un día se lo dije a Mónica. Ella me miró con cara de asombro y me contestó:

—No hay que interpretar las canciones al pie de la letra.

Y entonces me perdí, como Nina en *Sargento de hierro*.

—Yo no interpreto la canción con los pies —me defendí—. ¿O quieres decir que soy idiota y que mi cabeza funciona como mis pies?

Mónica se moría de risa.

—Bueno, a veces sí piensas con los pies.

Su risa me molestó un poco.

—No pienso con los pies. Pienso con la cabeza.

—Y esta conversación no tiene ni pies ni cabeza —dijo Mónica—. No me mires así: quiero decir que es absurda.

—Bueno, pues entonces explícate mejor. Sabes que yo no domino el español tan bien como tú. ¿Qué era eso de al pie de la letra?

—Al pie de la letra quiere decir «literalmente». Yo digo que las canciones tienen muchos significados... Para cada persona significan algo distinto.

Recuerdo las palabras de Mónica mientras aparco frente a la casa de su abuelo. Me sorprende verla en la puerta con cara de impaciencia. Miro el reloj: hemos quedado a las ocho, ¡y son las ocho menos diez! He llegado pronto... ¿Por qué Mónica parece tan nerviosa?

Al principio ella no se fija en mi coche rojo. Así que toco el claxon para llamar su atención. Toco al ritmo de «Cúrame, viento...».

Por fin mira hacia mí. La saludo con la mano y con una gran sonrisa, pero ella no me devuelve el saludo. Rápidamente, cruza la calle y se mete en el coche. Nos damos un beso rápido.

—Arranca —dice ella en voz baja.

Arranco el coche y nos metemos en medio del tráfico de Madrid.

—¿Te gusta este deportivo? —le pregunto—. ¿A que es bonito?

—Muy bonito —contesta Mónica—. Pero necesitamos más un todoterreno*.

La miro sorprendido.

—¿Qué dices? ¿Para ir al concierto de Morgan? —pregunto asombrado.

—Yo no puedo ir al concierto —dice Mónica en tono triste—. Tengo que ir a una carretera de la sierra*, cerca de El Escorial. Ha ocurrido una desgracia. Aunque a la vez, es algo apasionante.

Conduzco en silencio unos segundos. Trato de asimilar la información. ¿No vamos a ir al concierto? ¿Vamos a ir a la montaña? ¿Al norte de Madrid? ¿Ha ocurrido una desgracia que a la vez es apasionante? No entiendo nada.

—Mónica, tienes que explicarme…

—Vete en dirección a la A6 y te voy contando.

La A6 es una autopista que va desde Madrid hasta A Coruña, una ciudad del noroeste de España. Encuentro con facilidad los indicadores. Es una de las carreteras más importantes del país.

—Me ha llamado Héctor —explica Mónica—. Es una emergencia. Ha aparecido un lince atropellado*. ¡Un lince en la sierra de Madrid! ¿Entiendes lo que significa eso?

—Pues no —confieso—. ¿Por qué es tan importante?

—¿No sabes que el lince ibérico es un felino maravilloso que solo se puede encontrar en España y Portugal, y que está en peligro? Quedan muy pocos ejemplares.

Siempre me sorprende la pasión de Mónica por los animales. Pero claro, no debería sorprenderme… ¡Por algo decidió estudiar Veterinaria! Nos paramos al llegar a un semáforo. Aprovecho para consultar internet en el móvil.

—Lince ibérico. *Lynx pardinus* —digo—. Ese es su nombre científico. Es un gato salvaje.

El semáforo cambia a verde y tengo que dejar mi investigación. Nos ponemos en marcha.

El resto del camino vamos casi sin hablar, escuchando música de Morgan. En silencio, maldigo* al lince ibérico por morirse esta noche. ¿Por qué tenía que cruzar esa carretera justo hoy?

Tenía tantas ganas de ir a ese concierto con mi novia.

—Es por aquí —dice Mónica cuando llegamos a un desvío en la autopista.

Todo está muy oscuro. Ella va consultando el GPS de su móvil.

—Ahora ese camino de tierra a la izquierda —me indica.

Pienso preocupado en el deportivo rojo. Si se queda atascado en la tierra de un camino, me van a matar en la empresa de alquiler de coches.

—Oye… Gracias por lo que estás haciendo —me dice de pronto Mónica—. Es muy importante para mí. Siento lo del concierto.

—No te preocupes —contesto.

Vemos unas luces en medio de la carretera. Son los faros de varios coches y la sirena* naranja de una ambulancia. Parece que hemos llegado. Aparco el coche a un lado de la carretera. Hay un grupo de personas con linternas iluminando algo que está en una bolsa.

Nos acercamos al lugar. Héctor, que está en el grupo, se levanta a saludar a Mónica. Señala hacia el suelo, hacia la bolsa de plástico.

—Hola. Llegáis a tiempo. Es increíble. Mónica, ¿quieres verlo? —pregunta.

Con mucho cuidado, Héctor abre la bolsa.

Así que esto es un lince ibérico… ¡Qué lástima que esté muerto! Es un animal precioso, sin duda.

EJERCICIOS CAPÍTULO 1

1. Contesta las siguientes preguntas.

a) ¿Por qué es una noche especial para Bruno?

b) ¿Quién es Nina?

c) ¿Adónde quiere ir Mónica cuando la recoge Bruno?

d) ¿Qué clase de coche ha alquilado Bruno?

2. Reescribe las oraciones utilizando una de estas tres expresiones:

No tener ni pies ni cabeza. / Al pie de la letra. / Salir por las orejas.

a) Tu explicación es absurda.

b) Tienes que aprenderte esta poesía de memoria.

c) Tengo demasiados zapatos.

3. Busca la localidad de San Lorenzo de El Escorial en internet y completa la información.

Distancia a Madrid:

Montaña más cercana:

Número aproximado de habitantes:

Monumento más importante:

4. Aquí tienes una foto de un lince ibérico. Descríbelo.

5. Visiona el vídeo oficial de la canción *Sargento de hierro*, de la banda Morgan.
   a) ¿Qué has sentido al oír la canción?
   b) ¿Qué significa para ti el vídeo?

6. Describe a Bruno utilizando al menos cuatro adjetivos.

¿Sabías que? EL LINCE IBÉRICO, UN ANIMAL EN PELIGRO

El lince ibérico es un felino propio de la península Ibérica. Es más pequeño que el lince boreal, muy extendido en Europa. Evolutivamente forma parte de la línea de los grandes carnívoros (tigres, leones, jaguares y leopardos); de ellos se separa hace tres o cuatro millones de años. Por su aspecto, frecuentemente se asocia a cualquiera de las otras líneas de felinos existentes, pero en la escala evolutiva el lince ibérico está más próximo a un tigre que a un gato. Actualmente, está en peligro de extinción. Las principales amenazas para estos animales son los atropellos por coches y camiones y la caza ilegal.

Capítulo 2

Un asunto sospechoso

La noche de ayer fue muy larga y muy poco divertida. Nos pasamos horas en la carretera, junto al cadáver* del lince, helados de frío. Mónica y Héctor hablaban sin parar, muy excitados. Parecía que hablaban de un tesoro y no de un animal muerto. Y yo no acababa de entender por qué. Si tanto les gustaban los linces, ¿por qué parecían tan contentos con su descubrimiento? Al pobre[3] animal lo habían atropellado. ¿No les daba pena? Parecía que no. A Mónica le brillaban los ojos mientras escuchaba todo lo que Héctor decía.

Por fin llegó un equipo de la Facultad de Veterinaria para llevarse el cadáver del felino. Entre tres personas lo levantaron del suelo y lo metieron con mucho cuidado en un coche. ¿Por qué tanto cuidado con un animal muerto?

Cuando subimos al coche de alquiler para volver a Madrid ya estaba amaneciendo. Héctor se había quedado con otros tres científicos haciendo fotos del lugar del accidente. Los tres pertenecían a una asociación de protección de la fauna salvaje.

En el camino hacia Madrid, Mónica me explicó algunas cosas.

---

[3] *Pobre*: aquí, desgraciado, infeliz.

—Este descubrimiento es importantísimo. Lo va a cambiar todo. Hasta ahora, no existían pruebas de la existencia de linces en Madrid. Algunas personas los habían visto, pero no había fotos. Y por eso casi todo el mundo creía que no había ninguno. Pero el cadáver de hoy demuestra que sí los hay. Eso obligará a las autoridades a tomar medidas para protegerlos. Ya no podrán poner excusas. Ya no son un rumor o una leyenda.

—Entonces, por eso estabais tan contentos Héctor y tú —comenté, comprendiendo por fin.

Mónica asintió*.

—Por eso. Me da pena que ese pobre animal esté muerto, claro, pero su muerte va a servir para proteger a los otros linces. Ahora nadie podrá ignorarlos. Tendrá que haber medidas de protección ambiental y se investigará sobre ellos. ¡Es maravilloso! Estoy deseando contárselo al abuelo.

Yo no compartía el entusiasmo de Mónica, pero no se lo dije. Tenía sueño y estaba triste porque nos habíamos perdido[4] el concierto de Morgan, y harto* de escuchar a Héctor durante toda la noche. La dejé en su casa y luego fui a entregar el coche de alquiler. Antes tuve que pasarlo por un túnel de lavado.

Cuando llegué a casa eran las nueve de la mañana. Mis compañeros de piso estaban dormidos. Los sábados se levantan muy tarde, porque salen de fiesta el viernes por la noche.

Yo estaba muerto de cansancio, así que me lancé sobre la cama sin quitarme los zapatos y me quedé dormido al instante.

Me despertó el sonido de campanas de mi móvil. ¡Qué susto! Abrí los ojos nervioso. No sabía si era de día o de noche. Tampoco recordaba muy bien dónde estaba. Cogí el teléfono.

---

[4] *Nos habíamos perdido*: no habíamos podido ir.

Era Mati, la directora de la agencia de detectives para la que trabajo.

—Date prisa, Bruno. Tenemos un caso. Te espero en la agencia. Mónica ya viene de camino.

Colgó y no pude preguntarle nada sobre la nueva misión. Todavía con los ojos medio cerrados, me metí en la ducha para despertarme del todo. Cuando salí me vestí con lo primero que encontré: unos pantalones vaqueros y la camiseta de Morgan que no pude llevar en el concierto.

Tomé el metro para ir a la agencia, y ahí, en la puerta, me encuentro con Mónica.

—¿Sabes qué pasa? —le pregunto—. Mati no me explicó nada por teléfono.

—Creo que tiene que ver con[5] nuestro lince. Héctor sabe que trabajo para la Agencia Eñe y esta mañana me llamó para pedirme el teléfono de Mati.

—¿Para qué?

—No sé. Mati me dijo que el decano* de la facultad quería hablar con ella. Le pregunté si sabía algo más, pero me contestó que no podía hablar. Estaba muy misteriosa. Yo creo que ha pasado algo grave.

—Bueno, enseguida lo sabremos.

Subo las escaleras detrás de Mónica. No nos hemos abrazado al vernos. ¿De verdad somos novios? Ahora mismo no lo parece. ¡A lo mejor lo he soñado!

---

[5] *Tiene que ver con*: está relacionado con.

RO
82110
MOR

Mati nos oye abrir la puerta de la agencia y nos llama desde su despacho. Está reunida con un señor calvo y con barba gris. El hombre parece nervioso.

—Señorita, perdone, no recuerdo su nombre —dice al ver a Mónica—. Estuvo en mi clase el año pasado, ¿no es así?

—Sí, profesor. Me llamo Mónica Ríos. Colaboro en la agencia. Este es mi compañero Bruno. Mati nos ha llamado.

—Sentaos, chicos —dice Mati y nos señala unas sillas—. El profesor García me estaba explicando su caso, pero creo que vosotros ya conocéis una parte de la historia. Mónica, tu abuelo me dijo que fuiste a ver el lince atropellado.

—Sí, me avisó un amigo de la PFS, la protectora de fauna salvaje —añade, mirándome de reojo por si no lo entiendo—. ¡Un lince en la sierra de Madrid! Supongo que el profesor García quiere que investiguemos quién lo atropelló.

—No, no, eso no importa ahora —le corta el profesor en tono ansioso—. Es importante, por supuesto, pero no es lo que más me preocupa ahora mismo. Se lo estaba explicando a Mati, aunque no sé si todo esto es buena idea. Me han hablado muy bien de esta agencia, pero no esperaba encontrarme a una alumna... o exalumna... No sé si he venido al lugar adecuado.

—No veo por qué —contesta Mati con una sonrisa tranquilizadora—. Mónica lleva bastante tiempo trabajando conmigo y le aseguro que es una persona de total confianza. Debería usted alegrarse de que esté aquí. Después de todo, ella entiende mucho más de linces que yo. Y lo único que sé de su caso, hasta ahora, es que está relacionado con un lince.

—Sí, sí, tiene que ver con el lince que apareció ayer atropellado. Al principio dudé: anoche, cuando me avisaron de lo ocurrido, pensé en ir al lugar del atropello, pero luego me pareció una tontería. Soy el decano de la facultad. No puedo ocuparme personalmente de todos los problemas. Así que di mi permiso para trasladar el cadáver del lince a nuestra clínica universitaria y avisé a los expertos que tenían que analizar hoy el cadáver. Hice lo que debía. No me pueden pedir más.

—¿Y quién le está pidiendo más, profesor García? —pregunta Mati suavemente—. Perdone, pero no acabo de entender su problema.

—Mi problema... Mi problema es que el lince ha desaparecido —confiesa el decano con un hilo de voz.

Su barba gris tiembla. Parece que está a punto de llorar.

Mati, Mónica y yo lo miramos asombrados.

—¿Cómo que ha desaparecido? —pregunta Mónica.

—Pues eso. Que ya no está. Alguien se lo ha llevado de la facultad —explica el profesor García—. Y necesito que lo encuentren, aunque sé que es muy difícil.

—¿Por qué piensa que es muy difícil? —pregunta Mati—. ¿Qué cree usted que ha pasado? ¿Tiene alguna sospecha?

El profesor tarda un poco en contestar.

—Bueno, no sé si hago bien si les digo esto, pero tengo mis sospechas, sí. Según me han contado, en la zona donde apareció el lince atropellado están a punto de construir una urbanización.

—¿Y eso es importante? —pregunto.

—Tal vez sí —contesta Mónica mirándome—. Si se demuestra que hay linces en la zona, no dejarán construir. Pero si desaparece el lince, desaparecen las pruebas y entonces no se puede parar la construcción.

—Eso es, señorita. Perdone, he olvidado su nombre —dice el decano—. Sí, eso es lo que yo creo. El lince es un estorbo*, y por eso lo han robado. Así no hay pruebas, ya está.

—Entonces, en su opinión, ¿debemos investigar a los constructores de la urbanización? —pregunta Mati.

—Sí. Para eso quiero contratarles —contesta el decano con decisión.

Mati se pone de pie y le estrecha la mano.

—Lo haremos, no se preocupe. Pero, de todos modos, hay algo en su explicación que no encaja —añade pensativa.

—¿Qué quiere decir?

—Aunque el cadáver del lince ha desaparecido, lo vieron varias personas. Y además, seguramente le hicieron fotos, ¿no?

—Eso es cierto —dice el decano—. Quizá los ladrones del lince no pensaron en eso.

Mati no parece muy convencida.

—Lo sabremos cuando los localicemos —responde, muy seria—. Váyase a su casa, profesor. Nosotros tenemos trabajo que hacer y vamos a empezar ya.

1. ¿Para qué quiere contratar el profesor García a la Agencia Eñe?

2. ¿Qué quiere decir que el decano contesta «con un hilo de voz»?

3. Escribe una oración con cada una de estas expresiones que aparecen en el capítulo.

   a) Mirar de reojo:

   b) Ser un estorbo:

4. Bruno está triste porque se ha perdido el concierto de la banda Morgan. Escribe una oración con el verbo *perderse* con el mismo sentido.

5. Relaciona las dos columnas para formar otras expresiones con *perder*.

a) Perder	en un lugar
b) Perderse	de vista
c) Perder	el tiempo

6. Mati dice que hay algo que no encaja en la explicación del decano. Para ti, ¿qué es lo que no encaja?

7. Ya sabes que los linces son felinos. Indica el nombre de otros tres felinos.

8. En español decimos que alguien es un lince cuando es:

DESCUBRIENDO EL MISTERIO

- ¿Qué crees que van a descubrir Mati, Mónica y Bruno en el capítulo siguiente?
- ¿Qué pistas nuevas te imaginas que encontrarán?

Capítulo 3

En busca del lince perdido

Mati se pone a trabajar en el asunto del lince. De vez en cuando se concentra en la pantalla de su ordenador portátil. Toma algunas notas en una libreta negra. Parece que se ha olvidado de Mónica y de mí.

—¿Sabes? Creo que Mati está saliendo con mi abuelo —me dice Mónica de pronto.

Lo ha dicho en voz baja, pero yo me sobresalto*. ¿Mati y Teo juntos? ¿Desde cuándo? Yo había notado que hay química entre ellos, pero no sabía que salían juntos. No sé qué pasa últimamente… ¡Todo el mundo se enamora!

—¿Te parece mal? —le pregunto a Mónica al ver su gesto serio.

Ella se encoge de hombros.

—No. Me gusta ver a mi abuelo feliz —contesta—. Pero me da un poco de miedo que empiece una relación. ¿Y si no funciona? No quiero que sufra.

—Mati es una mujer estupenda. No tienes que preocuparte.

Mónica me mira pensativa.

—Hay personas estupendas que tienen relaciones horribles y se hacen daño —dice—. No sé, Bruno. Mi abuelo ya no tiene edad para estas cosas.

—Tu abuelo sabe lo que hace y Mati también. Hacen muy buena pareja. Confía en ellos, ¿vale? Son personas maduras. Saben lo que hacen.

—¿Y nosotros? ¿Sabemos lo que hacemos? —me pregunta Mónica con una sonrisa.

—Yo sí —respondo sonriendo también—. Estoy loco por ti. Y me encanta estar contigo. No me importa tener que seguir las huellas de un lince un viernes por la noche.

Mónica toma una de mis manos entre las suyas.

—Sé que tenías muchas ganas de ir al concierto de Morgan. A mí también me hacía mucha ilusión ir —explica—. Pero ya has visto que el asunto del lince es importante.

—Sí, muy importante debe de ser para que alguien robe el cadáver de un lince.

Mati se acerca a nosotros y nos mira con expresión divertida.

—Siento interrumpir este momento tan romántico —dice—. Pero ya tengo la información que buscaba. La constructora propietaria de los terrenos donde apareció el lince es Lunasa, y pertenece a un empresario muy conocido, Alfredo Sotillos. Creo que debemos hacerle una visita.

—¿En su casa? —pregunta Mónica.

Mati asiente.

—Eso es. Pero antes nos pasaremos por el edificio principal de su empresa. Quiero averiguar un par de cosas —añade Mati.

Las oficinas de Lunasa están en la carretera de Burgos. Mati conduce un poco deprisa, aprovechando que no hay tráfico. Cuando llegamos, vemos el aparcamiento desierto. Claro, es normal que no haya coches. Hoy es sábado y los empleados no trabajan.

Mati se dirige muy decidida a la garita* del vigilante de seguridad y le muestra su tarjeta de identificación.

—Perdone que le moleste. Estoy haciendo una investigación para la universidad sobre un lince desaparecido y necesito su colaboración —le dice Mati.

—¿Por qué voy a colaborar? —pregunta el tipo molesto—. Ustedes no son de la policía. Solo son detectives privados.

—Ah, si es por eso no se preocupe. Tengo buenos amigos en la policía, puedo llamarlos ahora mismo y pedirles que vengan por aquí —contesta Mati sin perder la calma—. Pensé que era mejor evitar hacer mucho ruido, pero si quiere los llamo.

El vigilante mira a Mati sin saber qué hacer. La expresión de ella es muy tranquila y muy segura, y al final el tipo acepta colaborar.

—De acuerdo. ¿Qué necesita?

—Ver los vídeos que grabaron las cámaras de seguridad anoche y esta mañana. Además, queremos entrar en el edificio. Puede acompañarnos, si no se fía* de nosotros.

—Está bien. De todas formas, aquí no hay nada que hacer —dice.

El vigilante nos acompaña a la puerta principal del edificio y la abre. Nos deja mirar y buscar durante un buen rato. Bajamos al sótano, subimos al primer piso, al segundo... Registramos todas las oficinas y los despachos. No encontramos el lince.

Mati revisa luego con el vigilante los vídeos de las cámaras de seguridad. Tarda más de una hora. Cuando termina, parece un poco decepcionada.

—Nada —dice—. Hay que seguir investigando.

La casa de Sotillos, el dueño de Lunasa, está en la otra punta de la ciudad. Es una mansión de lujo protegida con un valla altísima. Mati llama al portero automático una y otra vez hasta que finalmente le contestan.

—¿Quién es usted? ¿Qué desea? —pregunta una voz de mujer—. Si es correo comercial...

—No es correo comercial. Es la policía —contesta Mati con una voz que da miedo—. Abra inmediatamente, quiero hablar con el señor Sotillos.

Unos minutos después, la puerta se abre. Al otro lado, en el jardín, nos está esperando un hombre grueso de aspecto alegre y simpático. Lleva una camiseta de lunares y unas zapatillas con dibujitos muy graciosos. ¿Y este es el gran empresario de la construcción? Tengo que evitar la risa.

—Dígame, señora... ¿Me comentan que viene de parte de la policía? Si me permite ver su identificación...

Mati le muestra su placa.

—En realidad no soy policía, soy detective. La universidad me ha encargado que investigue la desaparición de un lince.

El hombre parece sorprendido.

—¿El lince que apareció muerto ayer en la carretera? —pregunta—. ¿Ha desaparecido?

—Sí, lo han robado de la Facultad de Veterinaria —contesta Mati—. Algo que a usted le conviene*... ¿O no?

El hombre sonríe de oreja a oreja.

—Pues sinceramente, sí me conviene. Me viene fenomenal. Cuando esta mañana leí en la prensa la historia del lince, pensé: «Ya verás. Ahora los políticos se pondrán a hablar de esas historias del medioambiente..., pero si el lince ha desaparecido, para las autoridades ya no existe, ¿no? Así que aquí no ha pasado nada».

—Sí ha pasado —dice Mónica—. Nosotros vimos ese animal. Y otras personas también. Aunque el cadáver ya no está, hay fotos, pruebas evidentes de su existencia. Se puede demostrar que ese lince es real. Así que tendrá que construir su urbanización en otra parte.

Sotillos mira a Mónica con expresión burlona.

—¿Tú me ves a mí robando animales muertos de noche? —pregunta—. Ante todo, me gusta la comodidad. Ese negocio de la urbanización es importante, claro, pero tampoco pasa nada si se para. Yo ya tengo suficiente dinero. Mi único deseo ahora es disfrutar de la vida. Pueden registrar la casa de arriba abajo, si quieren. No encontrarán nada. ¡Todo esto es ridículo!

Mati mira al hombre unos instantes antes de hablar.

—No, no necesitamos ver la casa. Le creo. Usted no es nada tonto y, evidentemente, no tiene ese animal muerto en su propia casa.

Sotillos asiente.

—Veo que lo ha entendido. Y ahora, señora, si me disculpa... Es sábado y mi hija ha venido a comer. Estamos preparando una barbacoa. Así que les acompaño a la puerta.

—No hace falta, conocemos el camino —dice Mónica.

En ese momento aparece una chica rubia caminando entre los árboles. Lleva un bikini rojo. Es muy guapa.

—Papá, ven ya porque se va a enfriar la carne —dice.

Mónica la mira con una expresión extraña. Cuando salimos, le pregunto:

—¿Qué pasa? ¿La conoces?

—Su cara me suena —me contesta ella—. Pero no sé de qué.

EJERCICIOS CAPÍTULO 3

1. Indica verdadero o falso.

	V	F
a) Mati está saliendo con Teo.	■	■
b) Bruno no está loco por Mónica.	■	■
c) Mónica no quería ir al concierto de Morgan.	■	■
d) Lunasa pertenece a Alfredo Sotillos.	■	■
e) Mati es policía.	■	■
f) El lince estaba en casa de Sotillos.	■	■
g) La hija de Sotillos ha venido a comer.	■	■

2. ¿En qué lugares ocurre este capítulo?

3. Describe cómo va vestido Alfredo Sotillos. ¿Por qué a Bruno le sorprende su aspecto?

4. ¿Qué es un portero automático? Elige la respuesta correcta.

a) Un portero que hace muy bien su trabajo.
b) Una puerta que se abre sola.
c) Un dispositivo para abrir puertas a distancia.
d) Un robot que vigila las puertas en las urbanizaciones de lujo.

5. Mati le dice a Sotillos: "Usted no es nada tonto". Escribe dos oraciones similares con un adjetivo de carácter y otro de descripción física.

a)

b)

6. *Algo me viene bien* significa que me es favorable. Indica con cuáles de estos adjetivos se puede usar esta estructura.

Sujeto + pronombre de complemento indirecto + *venir* + adjetivo

difícil / mal / estupendo / complicado

cómodo / genial / simpático

7. Mónica dice que la cara de la hija de Sotillos «le suena». ¿Qué significa esa expresión?

8. ¿Qué conclusiones han sacado los detectives de la Agencia Eñe después de visitar a Sotillos?

Capítulo 4

Una merienda con Héctor

Es domingo, y he quedado con Mónica para ir al cine. Después, seguro que vendrá un rato a mi casa. Por eso he cambiado las sábanas de mi cama, he limpiado bien los baños y la cocina y he echado ambientador en mi dormitorio. Lo malo es que Hans, mi compañero de piso alemán, tiene alergia a ese ambientador y no para de estornudar. Y eso le pone muy nervioso.

—¡Atchuss! ¡Atchuss! Bruno, tú matas a mí con esos vapores letales. Yo termino en el hospital.

Aunque Hans lleva mucho tiempo en España, todavía no habla bien español.

—No exageres —le contesto—. Es un perfume muy agradable. Rosas del bosque.

—En el bosque no hay rosas. Y mucho menos rosas con olor a ambientador barato.

—No es un ambientador barato —me defiendo—. Pagué bastante por él. Pero, si quieres, puedo encender unas velas o incienso. Así no notarás el olor de las rosas.

—¡No, no, deja! —dice Hans asustado—. Incienso peor, no, no.

No me importan las quejas de Hans y salgo de casa muy animado. ¡Por fin una tarde tranquila con Mónica! Bueno, tranquila y excitante a la vez, porque estar con Mónica es como subirse a una montaña rusa de sentimientos: da vértigo*… ¡Un vértigo que me encanta!

Sin embargo, cuando llego a la puerta del cine donde hemos quedado, toda mi ilusión desaparece de repente. ¡No puedo creerlo! ¡Héctor está con ella! ¿Se han encontrado por casualidad? Qué mala suerte…

Me acerco a ellos arrastrando los pies. Mi cara no debe reflejar alegría en este momento.

—Hola, Bruno —me saluda Mónica después de darme un beso rápido en la mejilla—. He quedado con Héctor para vernos los tres aquí, espero que no te importe. Ya no me daba tiempo a avisarte para cambiar los planes.

Miro a Héctor de pies a cabeza. Él me sonríe amistosamente. Es más alto, más atlético y más guapo que yo. Y además, sabe muchísimo de linces y otras especies animales que a Mónica le encantan. ¡No puedo competir con él!

—Siento mucho estas prisas —dice Héctor—, pero es que tengo algo importante que contaros. Me han avisado justo esta tarde. Todo es confidencial, por supuesto. Se supone que yo no sé nada de todo esto…

—Perdona —le interrumpo—, pero ¿de qué estás hablando?

—Del lince, Bruno —me contesta Mónica con impaciencia—. Hay novedades.

—¿Novedades? ¿En domingo? —pregunto asombrado.

—Vamos a una cafetería y os lo explico todo —responde Héctor sin perder la sonrisa.

Enfrente del cine hay un local famoso por sus tartas caseras y sus tés de sabores exóticos. También tienen café, claro. Héctor pide tarta de pera y chocolate y Mónica le pregunta si pueden compartirla. Ella no quiere una ración entera.

—Claro —contesta Héctor, y me mira—. A lo mejor Bruno también quiere un poco.

—No, gracias —digo, casi enfadado.

Antes me dejo cortar un brazo que probar la tarta del maldito Héctor. Bueno, a lo mejor un brazo no, pero sí la uña larga que me he dejado para tocar la guitarra.

Yo pido un café, Mónica un té verde con frambuesas* y Héctor pide mate. ¡Qué original! Tomar mate en Madrid no es muy corriente…

Mientras el camarero se aleja en dirección a la barra, Héctor comienza a hablar de nuevo.

—No quería esperar hasta mañana para contaros esto. Es información muy valiosa para el caso del lince. Tengo una amiga que participó en la autopsia del lince la noche misma en que lo encontraron.

—Así que le hicieron la autopsia antes de su desaparición —dice Mónica—. ¡Eso es fantástico! Nos dará muchas pistas.

—¿La autopsia? —repito asombrado.

—Sí, hombre: el examen del cadáver para descubrir las causas de la muerte —aclara Héctor.

—Sé perfectamente qué es una autopsia —le digo indignado—. Pero no sabía que también se les hace a los animales.

—En casos tan importantes, se hace, por supuesto —continúa Héctor—. Bueno, pues mi amiga Beatriz me ha contado algo extrañísimo.

—¿Qué es, Héctor? —pregunta Mónica.

Héctor va a contestar cuando regresa el camarero con las bebidas calientes y la tarta. ¡Con dos cucharillas! Una para Héctor y otra para Mónica. Seguro que el camarero piensa que ellos dos son novios y que yo soy un amigo pesado que se les ha pegado. Seguro que piensa... Pero tengo que calmarme. ¿A mí qué me importan los pensamientos del camarero? Estoy exagerando. Mejor escucho a Héctor.

—La sorpresa ha venido al analizar el contenido del estómago del lince. Han encontrado carne de vaca y un pienso* industrial para carnívoros. Uno que se utiliza para alimentar grandes depredadores en cautividad, como complemento a la carne.

—Espera, espera, espera —dice Mónica muy nerviosa—. ¿Me estás diciendo que ese lince fue criado en cautividad?

—Pues sí. En un centro de cría especializado, probablemente.

—Pero en la Comunidad de Madrid no hay centros de cría de linces —asegura Mónica.

—Bueno, el zoo de Madrid tiene una pareja de linces jóvenes y se han unido al proyecto Iberlince —explica Héctor.

—¿Qué es el proyecto Iberlince? —me atrevo a preguntar.

—Un plan para conseguir que los linces se reproduzcan en cautividad —explica Mónica—. Es para aumentar el número de ejemplares. La idea es volver a llevarlos luego a su hábitat. Piensa que es una especie en peligro de extinción. Según algunos zoólogos, quedan solo unos trescientos ejemplares en libertad. Es importantísimo aumentar ese número.

—En resumen, el lince de la carretera era uno de los linces del zoo —digo.

—Pero eso significa que no hay linces en libertad en la sierra de Madrid —dice Mónica con tristeza.

Héctor le acaricia una mano.

—Lo sé, es un golpe para todos nosotros —dice con empatía—. Los dos estábamos muy ilusionados, pero la realidad es que no hay pruebas de la existencia de linces en Madrid, Mónica, tú lo sabes. La aparición de este ejemplar cerca de El Escorial era muy raro. Claro, si se ha escapado del zoo, eso lo explica todo.

—Bueno, pues entonces tenemos que averiguar si ha desaparecido un lince del zoo —digo mientras me pongo en pie—. ¡Eso es lo más urgente!

—Pero, Bruno, ¡todavía no te has tomado tu café! —exclama Mónica.

—No importa el café. El lince ibérico es más importante que ningún café —contesto en tono heroico—. Vosotros quedaos aquí si queréis. Yo voy a avisar a Mati.

Mónica se levanta también de la mesa.

—Espera. Voy contigo —dice—. Héctor, ya te informaremos de todo.

Héctor mira a Mónica, mira la tarta de pera y chocolate y me mira a mí.

—No te preocupes —le digo—. Puedes quedarte a disfrutar de la tarta con tranquilidad. Tú ya has hecho tu parte. Ahora nos toca a nosotros, los detectives privados. Y tú no eres detective, ¿verdad, Héctor?

Le miro con una gran sonrisa. Él intenta sonreír también, pero no lo consigue.

—No, Bruno, no soy detective. En fin, buena suerte. Ya me contaréis.

EJERCICIOS CAPÍTULO 4

1. **Busca información sobre el zoo de Madrid y completa.**

a) Se encuentra en un lugar llamado:

b) Se inauguró en el año:

c) En él se crían animales como:

2. **¿Qué quiere Bruno cuando afirma que «Antes me dejo cortar un brazo que probar la tarta de Héctor»?**

3. **Según Héctor, ¿qué se ha encontrado en la autopsia del lince?**

4. **¿Por qué son importantes los resultados de la autopsia del lince?**

5. **¿Cómo crees que se siente Bruno al ver a Héctor con Mónica?**

6. *Importantísimo* y *extrañísimo* son los superlativos de *importante* y *extraño*. Escribe los superlativos de estos adjetivos.

   a) Agradable:
   b) Rápido:
   c) Grande:
   d) Joven:
   e) Indignado:
   f) Asombrado:

7. Los zoólogos estudian los animales. Indica, al menos, tres profesiones más que terminen en *-logo*.

DESCUBRIENDO EL MISTERIO

- ¿Qué crees que va a ocurrir en el siguiente capítulo?
- ¿Crees que volverá a aparecer Héctor? ¿Por qué?

Capítulo 5

Misterio en el zoo

Raquel es la responsable de prensa del zoo de Madrid. Tiene unos treinta años, el pelo corto y una cara muy agradable con muchas pecas*. Aunque es domingo, nos recibe en un edificio de las oficinas del zoo, Mati ha utilizado sus contactos para conseguir esto, seguro. Cuando nos saluda, parece muy nerviosa.

—No entiendo cómo os habéis enterado —nos dice Raquel con voz temblorosa—. No pensábamos informar hasta mañana porque todavía teníamos la esperanza de encontrarlo. El zoo es muy grande... Puede estar en cualquier sitio.

—Me temo que ya no lo encontraréis, querida —dice Mati con tristeza—. Ese pobre animal apareció muerto la noche del viernes en una carretera cerca de El Escorial.

Raquel mira a Mati asombrada.

—¿Cerca de El Escorial? —repite—. ¿Cómo pudo llegar hasta allí?

—Bueno, esos animales son bastante rápidos —dice Mónica—. Y no sabemos cuánto tiempo llevaba libre. ¿Lo saben aquí, en el zoo? ¿Saben en qué momento desapareció?

Raquel mira a Mónica fijamente durante unos segundos.

—No lo sabemos. No tenemos ni idea —confiesa en voz baja.

—Pero eso es imposible —dice Mati—. ¿Y los cuidadores del animal? ¿Los han interrogado? ¿Y las cámaras de seguridad? Tiene que haber cámaras de seguridad en todas las instalaciones…

—Ese es justamente el problema —explica Raquel tragando saliva—. Las grabaciones de las cámaras han desaparecido. No hay nada.

Mónica y yo nos miramos.

—Todo me huele muy mal —dice Mónica tocándose la nariz.

Entonces, pienso con melancolía en mi habitación, perfumada con ambientador de rosas del bosque.

—¡Mi habitación sí que huele bien! —exclamo—. Sin embargo, tenemos que estar aquí, en un zoológico trabajando un domingo.

Mónica me mira y se ríe.

—No me refiero realmente al olor, Bruno —aclara—. Quiero decir que es muy sospechoso. Eso es lo que significa «me huele mal».

—Ya, pues a mí también me huele mal —contesto—. Si las grabaciones de las cámaras han desaparecido es porque alguien las ha robado.

—Y eso significa que el lince no se escapó él solo. Alguien lo robó del zoo —dice Mati.

—Pero ¿para qué? —pregunto—. ¿Para luego dejarlo morir atropellado en una carretera?

—Puede ser —responde Mónica pensativa—. Quizá alguien dejó al lince en esa carretera para frenar la construcción de la urbanización.

—Eso tiene sentido —dice Mati—. Según mis informaciones, Sotillos, el constructor, tiene muchos enemigos. Sí, esa puede ser la clave.

Raquel suspira*.

—Sé que debimos informar antes a la policía —dice—. Pero se trata de algo muy grave. Ese animal era una de las joyas del zoo. Se llamaba Kalama… No puedo creer que esté muerto.

La pobre chica se pone a llorar.

—¿Le tenías mucho cariño? —pregunta Mónica, conmovida.

Raquel la mira.

—Sí, claro, pero también le tengo mucho cariño a mi trabajo y no lo quiero perder —contesta, irritada*—. Ahora la gente dirá que debí informar antes, pero yo solo he seguido las instrucciones del director del zoo. ¡No quiero que me echen la culpa!

—No te preocupes —la tranquiliza Mati—. Tú solo has cumplido órdenes, pero para averiguar qué ha pasado con el lince lo mejor es que colaboréis con nosotros. Todos. Necesitamos hablar con los cuidadores del animal.

—El viernes Kalama estuvo con Patricia por la mañana y con Erik por la tarde —dice Raquel después de consultar una nota en su móvil—. Y en el turno de noche del jueves al viernes también estuvo Erik. Hoy Patricia no trabaja, pero Erik sí. Está con la hembra de lince, Jazmín. Le está dando la comida.

—¿Puedes avisarle para que venga, por favor? —pide Mati.

Raquel se aparta un poco y hace una llamada con su móvil. Luego regresa con nosotros y nos dice:

—Viene enseguida, pero nosotros ya le hemos preguntado. Erik afirma que la tarde del viernes fue normal y que Kalama estaba en su zona cerrada, como siempre.

—Pues eso no puede ser —contesta Mónica—. Si a las nueve de la noche estaba muerto cerca de una carretera de El Escorial, tuvo que escaparse* mucho antes.

—Parece que el lince no se escapó —comenta Mati—. Quizá lo llevaron en un vehículo. Todo indica que lo robaron.

En ese momento se oyen dos fuertes golpes en la puerta.

—Adelante —dice Raquel.

La puerta se abre y aparece un chico rubio y con la piel morena por el sol. Parece furioso y desesperado al mismo tiempo.

—Dime que lo han encontrado —exige, mirando a Raquel.

—Me temo que sí, Erik —contesta ella—. Pero no son buenas noticias. Lo han encontrado muerto.

Erik da un puñetazo en una pared.

—¡No puede ser! —grita—. No tiene sentido. No tiene ningún sentido.

ZOO

Se vuelve a mirarnos.

—¿Y vosotros quiénes sois? —pregunta.

—Investigadores privados —contesta Mati—. Solo queremos descubrir la verdad. Y tu testimonio es muy importante, Erik. Por eso queremos que contestes unas preguntas.

—Vale, de acuerdo. ¿Qué queréis saber?

Mati saca su móvil y activa la grabadora.

—En primer lugar, nos han dicho que tú estuviste con el lince desaparecido la tarde del viernes —dice Mati—. ¿En qué horas exactamente?

—Pues desde las tres hasta las nueve. Ese era mi turno. No estuve solo con ellos, claro. Me refiero a los linces. También me ocupo de otros animales que participan en programas de reproducción en cautividad. Ahora mismo tenemos una orangutana preñada* que tiene algunos problemas.

—Está bien —dice Mati—. ¿Y recuerdas a qué hora viste por última vez al lince desaparecido?

—Claro. Justo a las nueve, al terminar mi turno —contesta Erik rápidamente—. Siempre me despido de Jazmín y Kalama antes de irme. Es lo último que hago cada día. Ellos dos son mis favoritos.

—Jazmín es la lince hembra que llegó al zoo con Kalama, el macho desaparecido —aclara Raquel.

—Erik, ¿estás seguro de que el viernes viste a Kalama a las nueve de la noche, justo antes de irte? —insiste Mati.

—Completamente.

—¿Y no notaste algo raro en él? ¿Nada especial?

—No. Estaba como siempre —contesta Erik con voz firme—. A esa hora ellos siempre están muy animados. En esta época del año su momento de mayor actividad es por la noche. Por eso me encanta verlos a esa hora.

—Y la noche anterior también estuviste con ellos… ¿Tampoco notaste nada raro?

—Nada. Los dos comieron con normalidad y estaban todo el tiempo queriendo jugar conmigo. No vi nada extraño.

—Está bien —suspira Mati—. Puedes irte, Erik.

Él nos mira un momento con gesto serio, pero finalmente se marcha.

—Raquel, informa a tus jefes de que en los próximos días necesitamos acceso libre a todas las instalaciones del zoo —dice Mati—. Por ahora hemos terminado. Nos vamos.

Raquel parece sorprendida. Y yo también estoy sorprendido, la verdad.

—¿Por qué no has presionado más a ese Erik? —pregunto después de despedirnos de Raquel—. Está claro que miente. Si el lince estaba muerto el viernes por la noche a las nueve, no podía estar aquí con él.

—Y como no hay grabaciones de las cámaras de seguridad, no podemos probar que miente —añade Mónica—. Muy listo. Seguro que él está implicado en el robo.

—No. No lo creo —dice Mati.

Los dos la miramos extrañados.

—¿Qué quieres decir? —le pregunto.

Mati me mira a los ojos.

—Mi instinto me dice que Erik es sincero. Creo que no miente, que dice la verdad.

—Pero si Erik no miente, eso significa que Kalama estaba en el zoo a las nueve de la noche del viernes —dice Mónica—. ¿Pero cómo podía estar a la vez muerto en una carretera cerca de El Escorial?

—No lo sé, Mónica —contesta Mati—. Eso es justamente lo que debemos averiguar.

1. Raquel es responsable de prensa del zoo. Indica otras profesiones relacionadas con un zoo.

2. Subraya la respuesta correcta.

   a) Mati cree que Kalama se ha escapado del zoo.
   b) Mati cree que han robado a Kalama.

3. ¿Por qué creen Bruno y Mónica que Erik miente?

4. ¿Tú crees que Erik dice la verdad? ¿Por qué?

5. ¿Qué quiere decir que alguien está implicado en un robo?

6. El lince Kalama era una de las joyas del zoo. En un sentido figurado, indica que era un animal muy importante y muy valorado. ¿Qué nombres de joyas conoces?

7. Investiga sobre el lince ibérico. ¿Qué animales suele cazar este animal?

8. Utiliza el pretérito indefinido en las siguientes oraciones.

a) Si las grabaciones de las cámaras (*desaparecer*) ______ es porque alguien las (*robar*) ______.

b) Ahora la gente dirá que (*deber*) ______ informar antes, pero yo solo (*seguir*) ______ las instrucciones del director del zoo.

c) Tú solo (*cumplir*) ______ órdenes, pero para averiguar qué (*pasar*) ______ con el lince lo mejor es que colaboréis con nosotros.

9. Fíjate en esta oración extraída del capítulo e indica por qué aparece el modo subjuntivo.

"¡No quiero que me **echen** la culpa!".

Capítulo 6

Dos linces

Hoy es lunes, y todos los medios cuentan lo mismo: que Kalama, el lince del zoo de Madrid, se escapó el viernes y que apareció atropellado esa misma noche en una carretera cerca de El Escorial. Sin embargo, nosotros creemos que es mentira. Erik asegura que el animal estaba en el zoo el viernes a las nueve de la noche. Y, si esto es verdad, no podía estar muerto a esa hora.

Nos hemos reunido en casa de Mónica. Su abuelo Teo ha preparado unas galletas de canela* exquisitas. Últimamente hace dulces de todas las clases en el horno. Yo creo que es porque a Mati le gustan mucho. Lo hace por ella. Mati coge delicadamente una galleta entre los dedos índice y pulgar y se la lleva a la boca. La saborea con los ojos cerrados. Se nota que está disfrutando. Teo sonríe contento. Pero cuando termina la galleta, la expresión de felicidad de Mati desaparece. Está tensa y preocupada.

—El decano me ha llamado muy nervioso —nos cuenta—. Y especialmente se ha puesto nervioso cuando le he preguntado por la autopsia del lince.

—¿Por qué? —pregunto—. No entiendo…

—Pues porque, según él, el lince desapareció antes de la autopsia.

—Entonces, no hubo autopsia —digo—. Pero, si no hubo autopsia, ¿cómo sabía Héctor que el lince había comido pienso y carne de vaca? ¿Cómo sabía que era un lince criado en cautividad?

—Bueno, puede que el decano no sepa nada, pero eso da igual —dice Mónica rápidamente—. Héctor y su grupo son activistas y seguramente hicieron la autopsia del lince sin permiso porque no se fiaban del decano.

—En ese caso, ¿por qué Héctor no te lo dijo? —Teo mueve la cabeza preocupado—. No sé, Mónica, hay algo que no encaja.

—Hay una explicación —pienso de pronto—. Héctor podía saber que el lince venía de un zoo sin necesidad de autopsia.

—¿Y cómo iba a saberlo? —Mónica me mira con gesto serio—. No es adivino.

—Claro que podía saberlo; igual que sabía que el lince del zoo había desaparecido —explico.

La expresión irritada de Mónica se acentúa.

—No te sigo.

—Es muy sencillo. A lo mejor Héctor sabía que el lince era el del zoo porque, en realidad, él lo robó de allí.

Mónica empieza a reír.

—¡Qué tontería, Bruno! ¿Para qué quería Héctor robar un lince y luego matarlo? —me dice Mónica.

—Para probar que hay linces en Madrid y paralizar las obras de la urbanización —contesto.

—En ese caso, ¿por qué nos dio la pista del zoo? —pregunta Mati—. Se supone que Héctor quiere que creamos que el lince era salvaje. Si no, las obras no se paralizan.

Me rasco la cabeza, un poco perdido.

—Pues no sé —confieso—. Pero yo creo que Héctor se ha inventado el asunto de la autopsia para darnos la pista del zoo.

—Sigo pensando que eso no tiene sentido —dice Mónica—. Héctor no tiene ningún motivo para hacer algo así.

—Los motivos de las personas para cometer delitos a veces son muy extraños, Mónica —dice Mati con suavidad.

—¿Le estás dando la razón a Bruno? —dice Mónica subiendo la voz—. ¡No me lo puedo creer! Lo que pasa es que Bruno no puede ver a Héctor.

—¿Que no puedo verlo? ¡Si lo veo por todas partes! Ya me gustaría verlo menos.

—No poder ver a alguien quiere decir que «no lo soportas» —explica Teo—. Vamos, que no te gusta, que te cae mal, que te resulta antipático. Es eso, ¿verdad, Bruno?

—Completamente —contesto sin dudar—. No me gusta Héctor. Siempre aparece cuando quiero estar a solas con Mónica, pero eso no tiene relación con el caso. Héctor nos ha dado una pista buena, pero basada en datos falsos: una autopsia que nunca se hizo. ¿No os parece muy sospechoso?

Mónica se pone en pie y dice:

—Estoy segura de que todo esto tiene una explicación. Ya sé lo que voy a hacer. Voy a quedar con Héctor ahora mismo para pedirle detalles sobre esa autopsia. Él habló de una amiga suya que le había pasado la información.

—Sí, creo que se llama Beatriz —recuerdo—. Vale, pues si tú quieres vamos ahora mismo a hablar con Héctor.

—No. Tú no vienes —dice Mónica—. Está claro que no eres imparcial.

—¿Cómo que no soy imparcial? —protesto—. ¡Tú sí que no eres imparcial! Por algún motivo, adoras a ese tipo.

—¡Yo no lo adoro! ¡Qué tontería! Pero es amigo mío y confío en él, igual que confío en ti.

—¿Igual? —pregunto indignado—. ¿Me estás diciendo que Héctor y yo somos lo mismo para ti?

—¡Yo no he dicho eso!

—Calmaos, chicos —dice Mati, y coge otra galleta de la bandeja—. No podéis permitir que vuestros sentimientos se mezclen en la investigación. Eso no es profesional. Mónica, me parece bien que quedes con ese chico. Pregúntale sobre la autopsia, y si es posible habla con esa amiga suya que estuvo presente durante la autopsia. Espero que eso nos ayude a entender este lío.

Mónica se aparta para hablar por teléfono con Héctor. Al momento regresa con una sonrisa de triunfo.

—Ya está. Hemos quedado dentro de media hora en la cafetería del Museo Thyssen. Tengo que irme ahora mismo si quiero llegar a tiempo. Ya os contaré.

Mónica se marcha y yo me quedo con Teo y Mati comiendo galletas de canela. Creo que los dos notan que estoy un poco deprimido.

—Vamos, Bruno, alegra esa cara —me dice Teo—. A Mónica solo le interesas tú, te lo aseguro.

—Además, los celos son cosa de gente inmadura —añade Mati—. Tienes que dejar de pensar en ese chico y pensar más en el caso.

—La verdad es que este caso no tiene ni pies ni cabeza —digo.

—Es muy extraño, sí. Aparece un lince muerto en una carretera cerca de El Escorial y desaparece un lince vivo del zoo; pero el lince vivo desaparece después de que aparezca el lince muerto —resume Mati—. Solo hay una explicación.

Teo, Mati y yo nos miramos.

—Que no sean el mismo lince —digo lentamente.

—Exacto —aprueba Mati—. Eso es lo que yo creo. No ha desaparecido un solo lince. Han desaparecido dos: uno muerto y otro vivo.

—¡Qué lío! —suspira Teo—. Pero, entonces, ¿dónde está el lince del zoo? ¿Y el otro, el de la carretera?

—A lo mejor están los dos juntos —propongo.

—Espero que no —dice Mati muy seria.

—¿Qué quieres decir? —pregunta Teo.

—Bueno, sabemos con seguridad que uno de los linces está muerto, pero el otro puede estar vivo todavía y, si es así, es urgente que lo encontremos. Veremos qué averigua Mónica. Yo voy a hacer gestiones para volver al zoo mañana por la mañana e interrogar a todo el personal.

1. ¿Por qué discuten Mónica y Bruno en este capítulo?

2. Escribe una oración con la expresión *No poder ver a alguien.*

3. Escribe el nombre de los dedos de la mano.

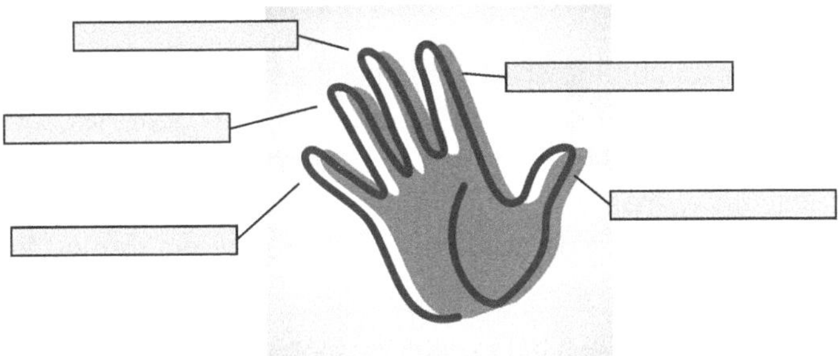

4. Relaciona ambas columnas.

1. Da igual	a) Objetivo
2. Parcial	b) No importa
3. Imparcial	c) Simple
4. Sencillo	d) Subjetivo

5. ¿Tú crees que han desaparecido dos linces o solo uno? Justifica tu respuesta.

¿Sabías que? EL MUSEO THYSSEN

Este museo es uno de los más famosos de Madrid y configura con el Museo del Prado y el Centro de Arte Reina Sofía el llamado Triángulo del Arte del Paseo del Prado. En esta área museística de Madrid se concentran las mejores pinacotecas de España.

El museo está ubicado en el Paseo del Prado. Su colección permanente recorre la historia de la pintura europea desde la Edad Media hasta finales del siglo XX: los primitivos italianos, el Renacimiento alemán, la pintura americana del XIX, el impresionismo, el expresionismo alemán y el constructivismo ruso están ampliamente representados en el museo.

Entra en la página web del museo: museothyssen.org y anota el nombre de los diez artistas que más te han interesado.

DESCUBRIENDO EL MISTERIO

- ¿Crees que Héctor está implicado en la desaparición del lince muerto?
- ¿Qué piensas que va a pasar en el capítulo siguiente?

Capítulo 7

La decepción de Mónica

—Bruno, ¡despierta! —me grita Hans en pijama desde la puerta de mi habitación—. ¡Tienes visita!

Me froto* los ojos, busco con la mano el interruptor de la lámpara de la mesilla y la enciendo. Consulto el móvil para ver qué hora es. ¡Las tres de la mañana!

Hans sigue en la puerta, esperando.

—Ella no en buen estado —dice—. Algo malo pasar.

Tengo un nudo en la garganta[6]. Está hablando de Mónica, estoy seguro. Es la única de mis amigas que conoce Hans.

Me levanto a toda prisa, busco un pantalón, pero al intentar meterme dentro de él, tropiezo* y me caigo contra el armario. Me doy un golpe en la frente y suelto una maldición. Hans me mira con lástima.

—Tú tranquilo. Yo he dado a ella leche fresca. La leche siempre ayuda.

Miro a Hans más alarmado que antes. La leche que guarda en la nevera, esa botella de la que siempre bebe sin usar

---

[6] *Tengo un nudo en la garganta*: siento miedo, preocupación o tristeza.

vaso… ¿Le ha dado a Mónica esa leche? ¡Pues qué bien! Espero que no le contagie ninguna enfermedad. Por fin consigo ponerme los pantalones y encuentro una camiseta limpia que me compró mi hermana cuando estuvo en Perú. Pone «Perú», claro. Con una P muy bonita, eso sí.

Voy derecho a la cocina, donde me encuentro a Mónica delante de un vaso de leche. Respiro aliviado al ver que no la ha probado, pero luego noto la expresión de su cara y me preocupo de verdad. Sí que está mal, sí. Creo que ha estado llorando. Pero ¿por qué?

Me siento en una silla frente a ella y le cojo la mano. No le pregunto nada. Ella solo me mira, con los ojos llenos de lágrimas.

—¿Estás bien? —pregunto.

¡Qué idiotez de pregunta! Está claro que no está bien. Está llorando.

—Pero ¿qué ha pasado? —insisto, asustado—. Héctor no te ha hecho nada malo, ¿verdad?

—No. Solo traicionar mi confianza. Nada más.

Vaya, así que el maravilloso Héctor no es tan maravilloso, después de todo… Pues me alegro, la verdad. Pero, de todas formas, no me gusta ver así a Mónica. No me gusta nada.

—Cuéntamelo todo desde el principio —le pido—. Puedo preparar un café, si quieres. Y tu abuelo me ha dado galletas. Si tienes hambre…

—No tengo hambre, gracias. Y no quiero un café. Prefiero una tila, si no te importa. ¿Tienes tila?

¡Perú

Pues no, no tengo tila. Es una infusión que aquí en España se toma mucho para calmar los nervios, pero para mí tiene un sabor malísimo. Tan malo, que me pone nervioso en lugar de calmarme.

—Lo que sí tengo son cervezas —le ofrezco.

Mónica se seca las lágrimas con la mano.

—Vale, sí, una cerveza.

Saco dos cervezas de la nevera. Hans entra con cara soñolienta en la cocina.

—¡Vaya, una fiesta! ¿Me invitas a una cerveza? —pregunta.

Supongo que es el sentido del humor de Hans. Una broma que solo le hace gracia a él.

—No es ninguna fiesta, Hans —contesto—. Desaparece.

Hans se encoge de hombros, fija la vista en el vaso de leche de Mónica y luego en su cara.

—Si tú no tomas…

—Puedes beberte la leche, Hans. No hay problema —dice ella.

Hans se marcha con su vaso de leche, mientras yo le ofrezco una cerveza a Mónica. En silencio, hacemos chocar las botellas para brindar. Es una costumbre que tenemos los dos.

Bebemos un buen trago sin hablar. Y por fin, Mónica empieza.

—Tenías razón con Héctor. Creo que es un mentiroso, pero no puedo demostrarlo.

—Cuéntame qué has averiguado. ¿Fuiste a su casa?

Mónica asiente.

—Estuvo muy amable, como siempre. No parecía sorprendido por mis preguntas. Como yo insistí, llamó a esa amiga suya, Beatriz. Se presentó después de un rato y me explicaron todo el asunto de la autopsia.

—¿Qué te dijeron?

—Que no se fiaban de la universidad y que por eso habían hecho la autopsia antes de dejar el cadáver del lince en la clínica de la facultad. Que el animal tenía unos cinco años, era un macho y tenía el pelaje* en muy buen estado. La sorpresa vino al analizar el contenido de su estómago.

—Y apareció el pienso preparado, ¿no?

—Sí, así es, lo que ya nos contó él en secreto. También había restos de carne. Carne de vaca. Y no es muy probable que un lince salvaje cace una vaca. El lince ibérico no puede cazar grandes presas.

—Bueno, entonces, es lo mismo que Héctor ya nos había contado. ¿Por qué ahora crees que miente?

—Al principio me lo creí todo. Me convencieron completamente. Beatriz se fue y Héctor me dijo que me invitaba a *pizza*, si quería. Como yo estaba furiosa contigo por tu escena de celos, le dije que sí. Pedimos unas *pizzas* vegetarianas. Estaban riquísimas. Hablamos un montón. Héctor estaba encantador*, como siempre. Me estuvo hablando de esa asociación suya para proteger la fauna salvaje. Me gustó tanto lo que me contó que decidí hacerme socia. Para eso había que imprimir un formulario, así que fuimos a su cuarto para encender su ordenador. Mientras él buscaba la web de la asociación, yo me dediqué a mirar por la habitación. Me fijé en que sus libros eran casi todos sobre animales. También los videojuegos y las fotos. Había una pared entera llena de fotos.

Mónica se calla y bebe un trago de cerveza larguísimo.

—Como te decía, había fotos de todas clases. De él con sus hermanos, cuando eran pequeños; de sus padres, de sus abuelos, de grupos de amigos... Había fotos en París, en Roma, en Berlín... Y en la naturaleza, claro. Junto a un glaciar, en un acantilado, a la orilla de un río y una en la nieve.

Mónica calla de nuevo. Vaya, parece que hemos llegado a lo interesante.

—Al principio no me fijé demasiado —sigue Mónica—. Era una foto de esquiadores, había chicos y chicas mezclados. Con los gorros y los trajes de esquiar era difícil reconocerlos. Por eso al principio no caí en la cuenta[7]. Pero luego recordé que ya había visto esa foto en otra ocasión.

—Así que ya habías estado en casa de Héctor otras veces.

—Claro que había estado. ¡Es mi amigo!

Mónica me mira irritada. Intento sonreír. No quiero que se enfade conmigo justo ahora, cuando por fin me va a contar el misterio de la foto.

—Bueno, ¿y qué pasa con esa foto?

—Una de las chicas, una rubia que aparecía en la foto. Ahora entiendo por qué decía yo el otro día que su cara me resultaba familiar, que me sonaba.

---

[7] *No caí en la cuenta*: no vi algo que me había pasado desapercibido.

—¿Qué chica? —pregunto—. No entiendo…

—La chica del bikini rojo. La hija de Sotillos, el constructor. Después me estuve fijando y la vi en dos fotos más. Parece ser que es amiga de Héctor, muy amiga.

—Vaya, ¡qué casualidad!

—No es una casualidad, Bruno. No puede ser casualidad. Héctor está implicado en este caso, junto con Sotillos y su hija; estoy segura.

—¿Le preguntaste sobre ella?

—Claro que no —contesta Mónica—. Disimulé, pero volví al asunto de la autopsia. Hice más preguntas y me di cuenta de que se contradecía; había olvidado algunas de sus respuestas anteriores y ahora me contestaba otra cosa. Estaba en su casa, relajado, y no se dio cuenta de que yo había cambiado.

Mónica se queda callada, y otra vez las lágrimas caen por sus mejillas. Se las seco con una servilleta de papel. Ella me sonríe.

—Gracias, Bruno —me dice—. Eres muy dulce.

Noto que las mejillas me arden. ¿Soy muy dulce? Nadie me había dicho eso antes.

No sé si hacerle la pregunta. Seguro que me dice que no, pero es mi novia y está triste… Y yo quiero consolarla… Y me gusta muchísimo…

—¿Te quedas a dormir, Mónica?

—Sí, Bruno, me quedo contigo, claro que sí.

EJERCICIOS CAPÍTULO 7

1. ¿Por qué despierta Hans a Bruno en mitad de la noche?

2. Describe con tres adjetivos el estado de ánimo de Mónica en este capítulo.

3. ¿Qué pista ha hecho que Mónica cambie de opinión sobre Héctor?

4. ¿Qué quiere decir que una persona es muy *dulce*?

5. ¿Qué bebidas se mencionan en este capítulo? ¿Cuál te gusta más y cuál te gusta menos?

6. Sustituye las palabras subrayadas en este fragmento por palabras o expresiones sinónimas.

Beatriz se fue, y Héctor me dijo que me invitaba a *pizza*, si quería. Como yo estaba furiosa contigo por tu escena de celos, le dije que sí. Pedimos unas *pizzas* vegetarianas. Estaban riquísimas. Charlamos un montón.

7. Las palabras con el sufijo *-aje* se escriben con jota y no con ge. Es el caso de pelaje, que procede de *pelo*. Anota otras tres palabras con este mismo sufijo.

8. Fíjate en el verbo en estas dos oraciones. ¿Por qué en a) está en indicativo y en b) en subjuntivo?

a) Está claro que no **está** bien.
b) No quiero que **se enfade** conmigo justo ahora.

9. Escribe una oración con la expresión *traicionar la confianza de alguien*.

Capítulo 8

El voluntario

Martes. Nueve de la mañana. Mónica y yo estamos desayunando en mi casa. El teléfono de ella empieza a sonar. Mónica contesta, y por su tono comprendo que es su abuelo.

Cuando cuelga me mira con una expresión pícara* en los ojos.

—Mi abuelo dice que Mati nos espera en las oficinas del zoo a las diez y media.

—¿Y él cómo lo sabe? —pregunto, sorprendido.

—¡Porque están juntos, tonto!

—¿Han pasado la noche juntos?

No sé por qué, pero la idea me intranquiliza, aunque ahora a Mónica le parece normal.

—Pues claro, igual que nosotros —dice.

—¿Y tu abuelo no estaba preocupado?

—Ya le avisé de que venía a tu casa. Cuando estoy contigo él está tranquilo.

Eso me hace sonreír. Estamos terminando de comer las tostadas con aceite. Ya nos hemos tomado el café.

—¿Te ha dicho si hay alguna novedad sobre el caso? —pregunto.

Mónica niega con la cabeza.

—No. No me ha dicho nada, pero pronto lo averiguaremos.

Después de desayunar, cogemos el metro, nos bajamos en la estación de Casa de Campo, andamos un poco y llegamos al zoo de Madrid. En la puerta no nos quieren dejar pasar. Dicen que tenemos que pagar la entrada… ¡Y no es barata!

Mónica explica que nos están esperando en las oficinas centrales por el asunto del lince. El hombre de la taquilla cambia rápidamente de actitud.

—¿Por qué no me lo han dicho antes? Adelante, adelante… Este asunto de Kalama es muy triste, muy triste. Ojalá descubran algo pronto. ¿De verdad está muerto? ¿Lo enterrarán* aquí en el zoo?

—No creo —dice Mónica—. Y ahora, por favor, ¿nos deja pasar…?

—Claro, pero esperen, porque ahora vendrá alguien para acompañarlos hasta las oficinas.

Mientras esperamos a esa persona, hablamos en voz baja.

—Este tipo habla de enterrar a Kalama —digo—. Eso quiere decir que no sabe que el cadáver ha desaparecido.

—La prensa no lo ha publicado —dice Mónica—. Pero se enterarán antes o después.

—Solo que el cadáver desaparecido no es el de Kalama —comento yo, pensando en voz alta—. Es de otro lince.

—Bueno... Eso lo sospechamos, pero no lo podemos demostrar.

Por fin viene un empleado a buscarnos. Nos guía por un largo camino de tierra entre árboles hasta las oficinas del zoo. Cuando llegamos allí, tenemos que subir una escalera. Entramos en un despacho. Dentro está Mati reunida con Raquel.

—Buenos días. Llegáis puntuales —saluda Mati—. Estaba explicándole a Raquel que necesitamos hablar con los cuidadores que estuvieron de guardia[8] la noche del viernes y el sábado por la mañana.

—En el turno de noche estuvo Adela, una de nuestras empleadas más antiguas —explica Raquel—. De toda confianza. Y en el turno del sábado por la mañana... Fue Carlos, un chico que lleva también cuatro años con nosotros. Él fue la persona que avisó de que Kalama se había escapado.

—¿Carlos fue quien avisó? Pues, entonces, tuvieron que robarlo por la noche —dice Mónica.

—Bueno, eso no podemos probarlo todavía —dice Mati—. Vamos a hablar con Adela, a ver qué nos cuenta.

—Su turno empieza justo ahora —dice Raquel—. Enviaré a alguien a sustituirla para que ella pueda venir aquí.

Adela tarda un buen rato en llegar a la oficina. Viene vestida con un mono* verde y unas botas de agua del mismo color. Su pelo, largo y canoso, cae por debajo de su gorra amarilla.

---

[8] *Estuvieron de guardia*: estuvieron vigilando.

Raquel nos deja solos con ella en el despacho. La mujer nos mira desafiante*.

—¿Y ahora qué pasa? Ya le dije al director que yo no vi nada. En mi turno, Kalama estaba bien. Se durmió hacia las cinco de la mañana. Jazmín tardó un poco más. No noté nada especial en ninguno de los dos. ¿Algo más?

—Va usted demasiado deprisa, Adela. Todavía no hemos empezado a preguntar —contesta Mati con calma.

—Pues pregunte —dice Adela cruzándose de brazos—. Aunque es perder el tiempo.

Mati se dirige hacia ella y la mira a los ojos.

—Vamos a ver si entiende esto, Adela. Usted nos dice que Kalama estaba perfectamente la noche del viernes al sábado, pero resulta que lo encontraron muerto en la noche del viernes. Eso quiere decir que se escapó antes y que usted está mintiendo. Kalama ya había desaparecido cuando empezó su turno.

—¡No! ¡Eso es falso! —grita Adela—. Estaba perfectamente cuando llegué, lo juro. Fue después. Todo ocurrió después.

Adela se deja caer en una silla y esconde la cara entre las manos. Llora durante un buen rato. Por fin levanta la cabeza.

—Está bien. Les contaré la verdad, aunque me van a despedir por culpa de esto. Yo estaba muy cansada. Últimamente estoy cuidando de mi nieta de dos años, porque mi hija está de viaje; por eso, cuando viene esa noche el chico nuevo y me pregunta si quiero que me sustituya un rato, le dije que sí.

—¿El chico nuevo? ¿Qué chico nuevo? —pregunta Mati.

—Un voluntario que viene a veces a ayudarnos cuando hay mucho trabajo. No sé cómo se llama. Yo llevaba de guardia toda la noche y los dos linces acababan de dormirse. Y entonces él me dijo: «Vete a tu casa, Adela. Estas criaturas no se van a despertar hasta que empiecen a llegar los turistas. Yo puedo fichar* por ti a la salida, si quieres». Y me fui.

—¿A qué hora ocurrió eso exactamente?

—Pues sobre las seis y media de la mañana. Un poco antes, a lo mejor.

—Entonces dejaste tu puesto a las seis y media —resume Mati—. Y cuando el otro cuidador empezó su turno, a las ocho, el lince Kalama había desaparecido.

—Eso quiere decir que lo robaron entre las seis y media y las ocho —digo yo—. ¡Es una información muy importante!

—¿Ya me puedo ir? —pregunta Adela.

—Sí —dice Mati—. Lo siento, pero usted comprenderá que tengo que informar al director…

Adela asiente con expresión cansada.

—Está bien. La verdad es que necesitaba contarlo. Me he quitado un peso de encima.

Entiendo que el peso era esa mentira suya. Al decir la verdad, el peso desaparece. Adela está a punto de irse, cuando Mónica la sujeta por un brazo.

—Un momento, por favor. Ese voluntario, ese chico… ¿Era este de la foto?

Le muestra una fotografía de su móvil, una foto de una excursión de la facultad. Entre otros compañeros y compañeras, se ve a Héctor muy sonriente.

—Es él, sí —contesta Adela sin dudar.

Cuando la mujer se marcha, Mónica me abraza llorando.

—¡No puedo creerlo! ¡Héctor ha robado el lince! ¡Ahora ya lo sabemos con seguridad! —dice entre lágrimas—. ¡Y yo que pensaba que era mi amigo!

—Comprendo que estés disgustada*, Mónica, pero ahora no es momento para llorar; ahora hay que actuar —dice Mati—. Ya sabemos quién se ha llevado el lince. Ahora necesitamos averiguar adónde se lo llevó y para qué.

—¿Y eso cómo lo vamos a saber? —pregunto.

—Bueno, podemos llamar a la policía para que interrogue a Héctor —contesta Mati—. Pero, mientras tanto[9], sus cómplices podrían hacerle algo al lince, porque yo creo que Héctor no está solo en esto.

—Claro que no está solo —dice Mónica—. Está con Sotillos, el constructor, y con su hija.

—Eso es. Gente muy influyente, que intentará asustar a Héctor y conseguirá que no cuente nada. Por eso, he pensado que hay una manera más directa de investigar a ese chico.

—¿Más directa que un interrogatorio? —pregunta Mónica sorprendida.

—Sí, más que un interrogatorio. Vamos a investigar sus cuentas bancarias. Alguien ha debido de pagarle por el robo del lince. Si descubrimos de dónde viene el dinero, sabremos quién tiene al lince ahora y podremos ir a por él.

---

[9] *Mientras tanto*: durante ese tiempo.

EJERCICIOS CAPÍTULO 8

1. **El verbo *despedir* significa «decir adiós» y «echar del trabajo». Escribe una oración con este verbo con cada uno de esos significados.**

a) Decir adiós:

b) Echar del trabajo:

2. **Describe a Adela.**

3. **¿Qué información ha ocultado Adela a sus jefes?**

4. **¿Qué significa la expresión *quitarse un peso de encima*? Escribe una oración con ella.**

5. **Completa estas oraciones.**

a) Supongo que

b) Vamos a

c) Ojalá

¿Sabías que? TOSTADAS CON ACEITE DE OLIVA, UN DESAYUNO SALUDABLE

En muchas regiones de España es costumbre tomar en el desayuno pan tostado con aceite de oliva y un poco de sal. A veces, a estas tostadas se les añaden otros ingredientes, como tomate rallado (el típico *pan tumaca* de Cataluña), jamón serrano o pimentón.

Decía Manuel Vázquez Montalbán, escritor español conocido por sus novelas protagonizadas por Pepe Carvalho, que el *pan tumaca* «materializa el encuentro entre la cultura del trigo europea, la del tomate americano, el aceite de oliva mediterráneo y la sal de la tierra que consagró la cultura cristiana».

DESCUBRIENDO EL MISTERIO

- ¿Por qué piensas que Héctor robó el lince?
- ¿Dónde crees que puede estar el lince del zoo?

Capítulo 9

La tapadera

—He encontrado la prueba que buscábamos —me dice Mati por teléfono—. Al menos, eso creo. Pero tenemos que actuar con rapidez. Paso a recogerte, Bruno.

Es miércoles a mediodía. Solo han pasado veinticuatro horas desde nuestra última conversación y Mati las ha aprovechado bien. ¡Parece que ya tiene una pista que relaciona a Héctor con el lince desaparecido!

Yo me he pasado la mañana entera en la biblioteca buscando información para el trabajo de fin de máster. Con este caso de los linces, no había podido dedicarle mucho tiempo. Pensaba recuperar hoy el tiempo perdido, pero Mati ha sido muy rápida.

—¿Aviso a Mónica? —pregunto.

Mati duda antes de contestar.

—No, no le digas nada de momento —dice por fin—. Yo le explicaré a Teo todo mientras voy hacia tu casa. Dentro de quince minutos estoy ahí.

Un cuarto de hora más tarde, Mati aparca su Mini delante de mi portal. Exacta como un reloj.

Me subo al asiento del copiloto y ella arranca el coche de nuevo. Nos dirigimos hacia el norte de la ciudad.

—¿Adónde vamos? —pregunto—. ¿Qué ha pasado?

—Vamos a una finca* de agricultura ecológica que hay cerca de la A6 y que se llama Verdora. Nos están esperando, tenemos una cita.

—¿En serio? ¿Para qué? Los tomates ecológicos me gustan mucho, pero no sé si ahora es época de tomates.

Mati se ríe.

—No, Bruno, no vamos a comprar tomates. Vamos a cazar un lince.

La miro perplejo. Ella no aparta los ojos de la carretera.

—Estás de broma, supongo.

—No, no es ninguna broma. Al menos, para los propietarios de la finca. Un amigo me ha conseguido una cita con ellos. En realidad, el tema de la agricultura ecológica es una tapadera.

—¿Una tapadera?

—Sí, una manera de ocultar su verdadero negocio, que son las cacerías* ilegales.

—¿Cómo has averiguado todo eso? —pregunto perplejo.

Mati sonríe.

—Gracias a nuestro amigo Héctor. O, mejor dicho, a sus cuentas bancarias.

—No lo entiendo.

—Es muy sencillo, Bruno —dice Mati—. El domingo pasado la cuenta de Héctor recibió una transferencia a través de internet. Una transferencia de veinticuatro mil euros.

Al oír la cifra me quedo sin habla. Mati me mira de reojo.

—Impresionante, ¿verdad? Y adivina quién le ha mandado ese dinero. Verdora, empresa de agricultura ecológica.

—¿A cambio de qué? —pregunto, sin entender nada—. ¿De tomates y pimientos?

—No, Bruno. De un lince ibérico. Les ha vendido a Kalama.

—¿Y para qué quieren a Kalama? No pensarán matarlo y venderlo como carne ecológica.

—No, Bruno, peor. Piensan vender el derecho a cazarlo.

—¡Pero eso es horrible!

Mati suspira.

—Desgraciadamente, hay gente que paga por esas cosas. En esta finca les ofrecen especies muy valiosas, algunas en peligro de extinción, para que las cacen. Les ponen los animales prácticamente delante de sus narices, así se aseguran de que no fallen el tiro. Y luego, esos desalmados* se quedan con el cadáver del animal como trofeo.

—Pero no comprendo —digo—. ¿Qué relación hay entre el lince robado del zoo con el otro, el que apareció muerto en la carretera? ¿Héctor también está mezclado en ese asunto?

—Claro. Es amigo de la hija de Sotillos. Bueno, es más que amigo, en realidad. Yo creo que piensa casarse con ella para entrar en la familia y participar en sus negocios.

—Pero entonces, ¿tampoco existe su asociación para proteger animales?

—Sí, sí existe, y gracias a eso pudo enterarse el viernes de que había aparecido un lince atropellado en la zona donde quiere construir Sotillos. Está claro que debió de escaparse de la finca Verdora. Héctor comprendió que eso ponía en peligro los negocios de su suegro, y supongo que lo llamó. Mucha gente había visto al lince, no podían ocultar la noticia, pero sí podía convencer a todo el mundo de que no era un lince salvaje, de que en realidad era un lince del zoo, que se había escapado. Robaron el cadáver del lince de la clínica de la facultad, secuestraron a Kalama, el lince del zoo, y se inventaron una autopsia falsa para probar que el lince muerto era Kalama.

—Bueno, al menos, no mataron a Kalama para llevar su cadáver a la universidad y sustituir al otro lince —digo.

—No, eso era demasiado arriesgado y Héctor tuvo una idea para sacar dinero: vender a Kalama a Verdora para una cacería ilegal. Doble negocio para él: Sotillos le paga por salvar su proyecto de urbanización y Verdora por conseguirle un lince vivo.

Mati se queda callada y se concentra en la carretera. Miro por la ventanilla. Hace rato que salimos de la ciudad. Ahora circulamos entre unos pinos altos y oscuros.

Mati mete el coche por una carretera sin asfaltar. Después de diez minutos, llegamos a una valla electrificada con una puerta de hierro en el medio. Junto a la puerta nos espera una mujer morena, de aspecto agradable.

—La señora Olmos y su hijo, supongo —dice cuando nos bajamos del coche.

Mati asiente y le da dos besos como saludo.

—Usted debe de ser Teresa, la secretaria, ¿verdad? —pregunta Mati—. Encantada de conocerla. Estoy muy ilusionada con todo esto. Para mi hijo, esta experiencia es la ilusión de su vida.

—Me alegra poder ayudarles —contesta Teresa—. La verdad es que una oportunidad como esta no se presenta todos los días. Cazar un lince ibérico, un auténtico lince ibérico…

Mati pone cara de éxtasis.

—¿No es una suerte? Cuando mi amigo me lo dijo, no podía creerlo. Y luego nos darán el cadáver, claro. Para disecarlo*…

—Por supuesto, pero ya sabe que todo esto debe hacerse con la máxima discreción —explica Teresa—. De todas formas no se preocupen, no hay ningún peligro. Es solo una experiencia diferente, algo exclusivo. Ahora, si les parece, solucionaremos la cuestión económica. Acompáñenme. ¿Ha traído el cheque?

Mati abre su bolso y saca un papelito. Lo agita descuidadamente.

—Aquí está. Solo faltan sus datos.

Teresa nos guía hasta una caseta al otro lado de la valla. Dentro hay una vieja mesa de cocina y varias sillas. Mati se sienta y Teresa le da una carpeta con papeles.

—Para nuestro archivo —explica sonriendo—. Solo es una formalidad.

Mati finge que duda.

—Pero nadie sabrá esto, ¿verdad? Ya sabe las tonterías que dice la gente sobre los animales en peligro de extinción. Yo siempre digo que un animal malo siempre es un animal malo. Y esos linces son malísimos, ¿verdad? Cazan conejos, eso me han dicho. Y adoro los conejos. Son tan bonitos, tan tiernos.

Estoy impresionado por la actuación de Mati. Parece una millonaria tonta de verdad. Teresa la mira con una mezcla de burla y lástima en los ojos.

Después de firmar todos los papeles que Teresa le da, Mati se levanta.

—Bueno, vamos a cazar ese lince —dice con decisión—. Ya acordamos que las armas las ponen ustedes.

—Sí, aunque no es lo habitual —contesta Teresa—. Pero como su hijo tiene tantos problemas, haremos una excepción.

Miro a Mati asombrado. Pero ¿qué diablos le ha contado sobre mí a esta mujer?

Teresa nos guía por un camino de tierra hasta una pequeña construcción de piedra. Abre la puerta de hierro y nos deja pasar.

—Por favor, esperen aquí —dice—. Enseguida estará todo preparado. ¿Puedo ofrecerles un café? ¿Un té?

—Un té —pide Mati.

—Un café —pido yo.

Teresa asiente y nos dedica otra sonrisa encantadora.

—Un té y un café. Pónganse cómodos, enseguida se los traigo.

Mati y yo nos sentamos en un enorme sofá de cuero negro. Teresa sale y cierra la puerta tras ella.

Oímos girar una llave en la cerradura. Y los pasos de Teresa se alejan a toda prisa por el camino.

Mati corre hacia la puerta e intenta abrirla. Demasiado tarde. Nos ha encerrado.

Estamos atrapados en la finca Verdora y no sé cómo vamos a salir de aquí.

1. ¿Por quién se hace pasar Mati en este capítulo?

2. ¿Qué quiere decir que la finca Verdora es una tapadera? ¿A qué se dedica este negocio en realidad?

3. ¿Dónde encierra Teresa a Mati y a Bruno?

4. ¿Qué consigue Héctor con todo este asunto del lince?

5. Sustituye los complementos directos e indirectos por sus pronombres correspondientes.

a) Solucionaremos la cuestión económica.

b) Mati da dos besos a Teresa como saludo.

c) Mati se sienta y Teresa le da una carpeta con papeles.

d) Héctor ha vendido el lince a Verdora.

6. **Relaciona ambas columnas.**

1. Desalmado	a) Dueño
2. Propietario	b) Esconder
3. Arriesgado	c) Verdadero
4. Ocultar	d) Cruel
5. Auténtico	e) Peligroso

7. **Escribe una oración con la expresión *quedarse sin habla*.**

8. **¿Con qué otros dos adjetivos se puede denominar la agricultura ecológica?**

9. **¿Cómo se llama la agricultura opuesta a la ecológica?**

DESCUBRIENDO EL MISTERIO

- ¿Por qué crees que Teresa ha sospechado de la señora Olmos y su hijo?
- ¿Piensas que conoce su verdadera identidad?

Capítulo 10

El desenlace

—No hay manera —dice Mati, muy nerviosa—. Imposible llamar por teléfono, aquí no tengo cobertura.

—Ya. A mí me pasa lo mismo —le digo.

Intento parecer tranquilo, pero la verdad es que tengo miedo. Llevamos aquí encerrados más de dos horas y no sabemos qué estará pasando fuera. Está claro que nos han descubierto... Pero ¿cómo lo han hecho? El plan de Mati parecía perfecto. ¿Qué ha salido mal?

Se lo pregunto a Mati en voz alta. Ella piensa un momento antes de contestar.

—Esto solo tiene una explicación, Bruno —dice—. Alguien se ha ido de la lengua[10].

—Entonces, tú crees que alguien nos ha delatado*... Pero ¿quién? Los únicos que sabemos esto somos Mónica, Teo, tú y yo.

— No sé, tiene que existir alguna explicación —dice Mati pensativa—, pero eso ahora da igual. Lo importante es salir de aquí. Y no veo ninguna forma.

---

[10] *Alguien se ha ido de la lengua*: alguien ha contado lo que no debía contar.

Mati tiene razón. Las ventanas tienen rejas y la puerta es de hierro. No vamos a poder romperla.

—Al menos no nos han matado —digo, intentando no perder la esperanza.

—Sí. No nos han matado… Todavía —contesta Mati.

Un escalofrío me recorre la espalda.

—¿Tú crees que van a matarnos? ¿Ese es su plan?

Mati se encoge de hombros.

—No lo sé, Bruno. No sé cuál es su plan. A lo mejor nos dejan aquí hasta morir de hambre. O quizá ahora están pensando qué hacer con nosotros, pero está claro que no nos van a dejar marcharnos fácilmente.

Las palabras de Mati me preocupan de verdad. Cierro los ojos y pienso en Mónica. Si todo esto sale mal, tal vez no la veré más. Y esa idea me llena los ojos de lágrimas. Somos pareja desde hace poco y hay muchas cosas que no le he dicho… Muchas cosas que no hemos hecho juntos… Pienso en todo el tiempo que he sido amigo de Mónica sin decirle lo que sentía por ella. ¡Cuánto tiempo perdido! Y ahora es demasiado tarde para recuperarlo. Voy a morir aquí, en la finca Verdora, y probablemente utilizarán mis restos para abonar tomates ecológicos de la mejor calidad. ¡Me muero de miedo solo de pensarlo!

De repente oigo unas sirenas. Se acercan. Cada vez se acercan más. Luego dejan de sonar y se hace un profundo silencio. Mati me mira.

—La policía —dice—. Seguramente Teo y Mónica la han avisado.

Sin ponernos de acuerdo, nos lanzamos los dos hacia la puerta y empezamos a golpearla. Queremos que nos oigan desde fuera.

—¡Estamos aquí! ¡Nos han encerrado! —grita Mati.

—¡Mónica! ¡Te quiero! —grito yo y Mati me mira de reojo, pensando quizá que estoy loco.

Oímos pasos y voces que vienen hacia nosotros. Golpeamos la puerta con más fuerza y gritamos más.

—¡Aquí! ¡Aquí! —dice Mati—. ¡Sáquennos de aquí, por favor!

—¡Mónica! ¡Estoy loco por ti! ¡Quiero ir contigo a París! ¡A Londres! ¡A Nueva York!

Oímos un ruido de llaves y la puerta se abre. Teresa está al otro lado, muy seria. Un par de policías se encuentran a su lado.

Y detrás de los policías veo a Mónica, que me sonríe con ojos brillantes.

—¿Y a Roma? —pregunta—. ¿No vamos a ir a Roma?

Empujo a Teresa y a los dos policías para correr a abrazarla. Nos dimos un beso de película.

—¡Iremos a Roma, claro que sí!

Teo se acerca por el camino. Viene acompañado de otra media docena de policías. Traen a alguien esposado. ¡Es Héctor!

—Van a tener que dar muchas explicaciones por esto —le dice a Teresa una de las policías—. ¡Estaban reteniendo* a dos personas en contra de su voluntad!

—Nos parecieron peligrosos —contesta Teresa fríamente—. Hablaban de cazar un lince. Y eso es un delito. Una locura. Así que los encerramos. Precisamente íbamos a llamar a la policía, pero alguien se ha adelantado —dice mirando a Mónica.

—Está mintiendo —dice Mati—. Tienen a Kalama, el lince del zoo. Hay que encontrarlo antes de que lo maten.

Teresa se ríe con ganas.

—¡Qué tontería! No tenemos ningún lince. Esta señora está loca.

Entonces yo me adelanto y me coloco entre Teresa y los policías.

—Hace un rato no pensabas así —digo.

Saco mi teléfono y activo la grabadora. Soy un detective profesional. Y la grabadora es la mejor amiga de un detective en situaciones peligrosas.

Se oye la voz de Teresa a través de mi móvil: «La verdad es que una oportunidad como esta no se presenta todos los días. Cazar un lince ibérico, un auténtico lince ibérico…».

Apago la grabadora. El rostro de Teresa ha cambiado completamente. Está pálida. Le tiemblan* los labios.

—Esto se ha acabado —dice Mati—. Pero les voy a dar un consejo a los dos —añade mirando a Héctor—. Entreguen a Kalama. La pena por secuestrar un lince es mucho más pequeña que la pena por matar un lince. Si ese animal muere…

—Está en el establo de la casa grande. A quinientos metros de aquí —interrumpe Héctor con voz apagada.

Mónica se pone frente a él. Su mirada lo dice todo.

—¿No te da vergüenza? Nos has traicionado a mí y a tus compañeros de la asociación. ¿Y Beatriz? También está implicada, ¿verdad? ¿Por qué, Héctor?

Héctor baja la cabeza.

—Por dinero, supongo. Y por aburrimiento. ¿Yo qué sé?

—¿Qué pensabas? ¿Que no íbamos a descubrirte? Adela te identificó en una foto —le dice Mónica.

—Lo sé —afirma Héctor—. Ella misma me llamó nerviosa para contármelo. En ese mismo instante supe que me habías descubierto. Así que vine a advertir a Teresa.

Los policías no le dejan seguir hablando. Se lo llevan detenido hacia un furgón. También se llevan a Teresa.

Otro grupo va en busca del lince secuestrado. Nosotros los acompañamos. ¡Qué emoción cuando abrimos la puerta del establo y vemos a Kalama! Está vivo y parece contento de vernos. Se acerca a nosotros pero yo doy un paso atrás por instinto. Es un animal precioso, sí, pero se parece demasiado a un tigre. O a un leopardo, como mínimo.

Mónica en cambio no parece nada asustada. Se arrodilla junto al animal y le acaricia el cuello. El lince pone cara de mimoso. ¡Hasta parece que sonríe! Casi siento celos… Ya lo sé, ya lo sé: pura inmadurez. Pero en realidad no siento celos, solo una alegría enorme y muchas, muchísimas ganas de volver a abrazar a Mónica. El lince está vivo. Yo también. Acabo de demostrar que soy un gran detective. Gracias a mí y a mi teléfono hemos resuelto el caso.

Y, además, mi novia me acaba de decir que quiere ir conmigo a Roma…

¿Puedo tener una vida mejor?

1. Indica verdadero o falso.

	V	F
a) Teresa ha descubierto a Mati y Bruno.	■	■
b) Solo Teo sabía que estaban allí.	■	■
c) Bruno cree que lo van a matar.	■	■
d) Bruno se acuerda de su país en estas circunstancias.	■	■
e) Mónica le pide a Bruno ir a Dubái.	■	■
f) Mati tenía la grabadora encendida mientras hablaba con Teresa.	■	■
g) Kalama está muerto en el establo.	■	■
h) Héctor llamó a Adela.	■	■

2. ¿Qué quiere decir que un teléfono no tiene cobertura?

3. ¿Cómo justifica Teresa que Mati y Bruno estén encerrados?

4. ¿Cómo demuestra Bruno que Teresa miente?

5. Bruno dice: «Nos dimos un beso de película». ¿Sabes qué quiere decir? Escribe una oración con la expresión *ser de película*.

6. Averigua cómo se denominan los cazadores que cazan ilegalmente.

7. ¿Estás a favor o en contra de la caza legal? ¿Crees que es necesaria para el equilibrio del ecosistema?

8. ¿Cómo consideras el final de la historia? Subraya la palabra que mejor lo define.

Divertido • Romántico • Inquietante

Sorprendente • Impredecible

SOLUCIONES

CAPÍTULO 1

1. a) Porque va a ir a un concierto de Morgan con Mónica.
b) La cantante del grupo Morgan.
c) A una carretera de la sierra de Madrid, cerca de El Escorial.
d) Un deportivo rojo.

2. a) Tu explicación no tiene ni pies ni cabeza.
b) Tienes que aprenderte esta poesía al pie de la letra.
c) Tengo tantos zapatos que me salen por las orejas.

3. Distancia a Madrid: 47 km.
Montaña más cercana: monte Abantos.
Número aproximado de habitantes: 18 000
Monumento más importante: Monasterio de San Lorenzo de El Escorial.

4. Posible respuesta
Su piel es parecida a la de un tigre. Sus orejas son puntiagudas. Es más grande que un gato. Su aspecto es salvaje.

5. Respuesta libre.

6. Posible respuesta
Presumido, simpático, hablador, agradable.

CAPÍTULO 2

1. Para que investiguen la desaparición del lince de la clínica de la Facultad de Veterinaria.

2. Que contesta en voz baja y que casi no se puede oír.

3. Posibles respuestas
a) Mario miró de reojo las preguntas del examen.
b) Estas cajas son un estorbo, ahí en medio del salón. ¿Por qué no las sacas de aquí?
Ese abogado era un estorbo para la defensa porque tenía muchas pruebas en contra del acusado.

4. Posible respuesta
Llegué tarde al teatro y me perdí la obra porque no me dejaron entrar.

5. a) perder de vista; b) perderse en un lugar; c) perder el tiempo.

6. Que es inútil robar el lince porque hay fotos que prueban su existencia.

7. Posibles respuestas
Tigre, jaguar, puma.

8. Listo, inteligente.

CAPÍTULO 3

1. a) V; b) F; c) F; d) V; e) F; f) F; g) V.
2. En las oficinas de Lunasa y en la casa del empresario Alfredo Sotillos.
3. Lleva una camiseta de lunares y unas zapatillas con dibujitos muy graciosos.
   Le sorprende porque no parece un empresario astuto y duro.
4. c).
5. **Posibles respuestas**
   a) Elena no es nada egoísta. Le gusta más dar que recibir.
   b) Antonio no era nada gordo de pequeño, pero ahora sí.
6. mal, estupendo, genial.
7. Que cree que la ha visto antes, que le resulta familiar.
8. Que el lince no está en casa de Sotillos y que el empresario tiene motivos para querer la desaparición del lince.

CAPÍTULO 4

1. a) Casa de Campo; b) 1972; c) gorilas, elefantes, osos panda...
2. Que prefiere sufrir un daño importante antes que probar la tarta, es decir, que no está dispuesto a probar esa tarta por ningún motivo.
3. Carne de vaca y pienso para depredadores en cautividad.
4. Porque demuestran que no es un animal salvaje y que se trata de un lince criado en cautividad.
5. Celoso.
6. a) agradabilísimo; b) rapidísimo; c) grandísimo; d) jovencísimo; d) indignadísimo; e) asombradísimo.
7. **Posibles respuestas**
   biólogo, cardiólogo, psicólogo.

Descubriendo el misterio
Respuesta libre.

CAPÍTULO 5

1. **Posibles respuestas**
   Veterinarios, biólogos, cuidadores, vigilantes de seguridad.
2. b).

3. Porque afirma que vio al lince vivo a las nueve de la noche del viernes, y a esa hora el lince estaba muerto en la carretera.
4. Respuesta libre.
5. Que ha participado en él de forma directa o indirecta.
6. **Posibles respuestas**
   Pulsera, collar, anillo, sortija, pendientes.
7. Conejos.
8. a) Si las grabaciones de las cámaras **desaparecieron** es porque alguien las **robó**.
   b) Ahora la gente dirá que **debí** informar antes, pero yo solo **seguí** las instrucciones del director del zoo.
   c) Tú solo **cumpliste** órdenes pero para averiguar qué **pasó** con el lince lo mejor es que colaboréis con nosotros.
9. Porque los verbos de influencia, como, por ejemplo, los verbos que expresan deseo exigen el modo subjuntivo en la oración subordinada.

CAPÍTULO 6

1. Porque Bruno cree que Héctor ha mentido en relación con la autopsia del lince y que realmente él robó el lince del zoo. Sin embargo, Mónica lo defiende.
2. **Posible respuesta**
   Mi vecina no puede ver a la vecina de enfrente y están todo el día discutiendo.
3.

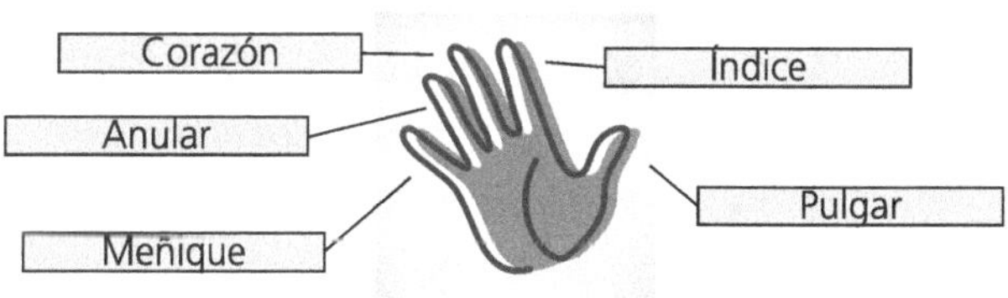

4. 1 b); 2 d); 3 a); 4 c).
5. Respuesta libre.

Descubriendo el misterio
Respuesta libre.

CAPÍTULO 7

1. Porque Mónica ha llegado a su casa.
2. **Posibles respuestas**
   Triste, decepcionada, sensible
3. Una foto en la que ve a la hija de Sotillos con Héctor.
4. Una persona dulce es una persona tierna y amable.
5. Leche, café, tila, cerveza.
   Respuesta libre.
6. Beatriz se **marchó**, y Héctor me dijo que me invitaba a *pizza*, si me **apetecía**. Como yo estaba **muy enfadada** contigo por tu escena de celos, le **contesté** que sí. **Encargamos** unas *pizzas* vegetarianas. Estaban **deliciosas**. Charlamos **mucho**.
7. **Posibles respuestas**
   Paisaje, salvaje, maquillaje
8. En a) el verbo está en presente de indicativo porque depende de una expresión de afirmación: *está claro*. En cambio, en b) el verbo está en presente de subjuntivo porque depende de un verbo de influencia como *querer*, y en esos casos, se utiliza el modo subjuntivo.
9. **Posibles respuestas**
   Juan traicionó la confianza de Laura cuando le contó al resto de la clase que ella salía con un chico de otro instituto. Ella se lo había contado en secreto.

CAPÍTULO 8

1. **Posibles respuestas**
   a) ¡Qué antipático es Francisco! Se va de la oficina sin despedirse.
   b) A Juan lo despidieron del trabajo hace dos años.
2. Tiene el pelo canoso y largo; viste un mono verde, botas de goma y una gorra amarilla.
3. Que se fue a casa antes de terminar su turno de noche.
4. Eliminar una preocupación.
   Posible respuesta
   Javier se ha quitado un peso de encima al revelar su verdadera identidad.
5. **Posibles respuestas**
   a) Supongo que mañana tendremos preparado ya el informe.
   b) Vamos a comprobar si tu hipótesis es cierta.
   c) Ojalá reconozcas algún día tu error.

Descubriendo el misterio
Respuesta libre.

CAPÍTULO 9

1. Por la señora Olmos, una millonaria excéntrica.
2. Que es un falso negocio para ocultar otro negocio ilegal. Esta empresa se dedica en realidad a organizar cacerías ilegales.
3. En una construcción de piedra.
4. Héctor ayuda a su futuro suegro para que la aparición del lince no paralice la construcción de una urbanización.
   También vende a Verdora el lince por veinticuatro mil euros.
5. a) **La** solucionaremos.
   b) Mati **se los** da como saludo.
   c) Mati se sienta y Teresa **se la** da.
   d) Héctor **lo** ha vendido a Verdora.
6. 1 d; 2 a; 3 e; 4 b; 5 c.
7. **Posibles respuestas**
   Cuando vi a Eduardo en bañador, me quedé sin habla.
8. Agricultura orgánica o biológica.
9. Agricultura convencional o industrial.

Descubriendo el misterio
Respuesta libre.

CAPÍTULO 10

1. a) V; b) F; c) V; d) F; e) F; f) F; g) F; h) F.
2. Que no puede conectarse a ninguna red para comunicarse con otros dispositivos.
3. Dice que los ha encerrado porque querían cazar un lince y eso es ilegal.
4. Poniendo la grabación de la conversación anterior con ella.
5. Significa que es muy bueno, sensacional, fantástico.
   Posibles respuestas
   Esa mujer canta y baila de película.
6. Furtivos.
7. Respuesta libre.
8. Respuesta libre.

GLOSARIO

ESPAÑOL	INGLÉS	FRANCÉS
Asentir	To assent	Acquiescer
Atropellado/a	Run over	Renversé/e
Cacería	Hunt	Chasse
Cadáver	Corpse	Cadavre
Canela	Cinnamon	Cannelle
Convenir	To suit	Arranger
Decano	Dean	Doyen
Delatar	To report	Dénoncer
Desafiante	Defiant	Provocant
Desalmado/a	Heartless	Sans cœur
Disecar	To stuff	Empailler
Disgustado/a	Upset	Contrarié/e
Encantador	Charming	Charmant/e
Enterrar	To bury	Enterrer
Escaparse	To escape	S'enfuir
Estorbo	Nuisance	Entrave
Fiarse de	To trust	Avoir confiance en
Fichar	To clock in	Pointer
Finca	Estate	Propriété
Frambuesa	Raspberry	Framboise
Frotarse	To rub	Se frotter
Garita	Booth	Guérite
Harto de	Fed up with	En avoir marre de
Irritado/a	Annoyed	Énervé
Maldecir	To curse	Maudire
Mono	Overalls	Bleu de travail
Peca	Freckle	Tache de rousseur
Pelaje	Fur	Pelage
Pícaro/a	Roguish	Coquin
Pienso	Feed	aliment pour animaux
Preñada	Pregnant	En gestation
Retener	To hold	Retenir
Sierra	Mountain range	Chaîne de montagnes
Sirena	Siren	Sirène
Sobresaltarse	To be startled	Sursauter
Suspirar	To sigh	Soupirer
Temblar	To quiver	Trembler
Todoterreno	Off-road vehicle	Tout-terrain
Tropezar	To stumble	Trébucher
Vértigo	Fear of heights	Vertige

ITALIANO	ALEMÁN	PORTUGUÉS
Assentire	nicken	Afirmar
Essere investito/a	angefahren	Atropelado/a
Battuta di caccia	Jagd, Jagdgesellschaft	Caçada
Cadavere	Leiche	Cadáver
Cannella	Zimt	Canela
Addirsi	passen	Convir
Decano	Dekan	Decano
Denunciare	anzeigen, aufdecken	Delatar
Di sfida	herausfordernd	Desafiante
Spietato/a	herzlos, grausam	Desalmado/a
Impagliare	ausstopfen	Empalhar
Contrariato/a	unzufrieden, verärgert	Decepcionado/a
Affascinante	bezaubernd, reizend	Adorável
Seppellire	begraben	Enterrar
Fuggire	ausbrechen	Fugir
Fastidio	Störung, Hindernis	Estorvo
Fidarsi di	trauen	Confiar em
Timbrare	stempeln	Bater o ponto
Tenuta	Farm, Landgut	Quinta (Sítio)
Lampone	Himbeere	Framboesa
Strofinarsi	reiben	Esfregar
Garitta	Wächterhäuschen, Pförtnerloge	Guarita
Stufo	leid, überdrüssig	Farto de (Estar de saco cheio de)
Infastidito/a	gereizt	Irritado/a
Maledire	verfluchen	Odiar
Tuta	Arbeitsanzug	Macacão
Lentiggine	Sommersprosse	Sarda
Pelliccia	Haarfarbe, Fell	Pelo
Malizioso/a	schurkisch, spitzbübisch	Irônico/a (malicioso/a)
Mangime	Tierfutter, Viehfutter	Ração
Gravida	trächtig	Prenhe
Trattenere	festhalten	Prender
Catena montuosa	Gebirge, Gebirgskette	Serra
Sirena	Sirene	Sirene
Sussultare	sich erschrecken	Assustar-se
Sospirare	seufzen	Suspirar
Tremare	zittern	Tremer
Fuoristrada	Geländefahrzeug	4x4
Inciampare	stolpern, straucheln	Tropeçar
Vertigine	Schwindel	Vertigem